원칙을 지키고 배려를 가르치는
영국 엄마의 힘

원칙을 지키고 배려를 가르치는
영국 엄마의 힘

최향기 지음

······

영국 엄마는 자녀의 미래를 엄마가 바꿀 수 있다고 생각하지 않는다. 아이마다 타고난 특성이나 기질이 중요하다고 믿는다. 아이의 능력이 70퍼센트라면 그 70퍼센트 자체로 행복하게 살 수 있다고 생각한다. 아이가 타고난 기질과 특성을 살릴 수 있도록 지켜보는 등 자기만의 뚜렷한 주관을 가지고 교육한다. 한국 엄마들이 보기에는 무심한 것처럼 보일지 몰라도 확실한 건 아이들과 엄마 모두 행복해한다는 점이다.

 작가의 글

원칙을 지키고 배려를 가르치는
영국 엄마에게 배워야 할 것들

 영국에서 두 아이를 낳아 기르면서 영국이 선진국이라는 것을 매번 느낀다. 이건 영국이 경제 강국, 문화 대국이라서 그런 게 아니다. 바로 엄마와 아이를 위한 배려를 당연하게 생각하는 영국인과 영국 사회 덕분이다. 유모차에 아이를 태우고 거리로 나가면 영국인들은 내가 먼저 지나갈 수 있도록 길을 비켜줄 뿐만 아니라 나를 향해 무언가 격려를 담은 듯한 따뜻한 미소를 짓기도 한다.
 이런 배려에 감격도 하지만 한국 엄마인 내가 볼 때 영국 엄마들의 양육 방식이 조금은 냉정한 것 같아서 가끔은 놀랄 때도 있다.
 시누이 캐롤린의 딸이 세 번째 생일 파티를 며칠 앞둔 때였다. 영국에서 치킨팍스(Chickenpox)라고 부르는 수두를 어린이집 친구한테 옮아와 온 몸이 분홍색 점으로 휩싸였다. 전염성 강한 수두에 걸렸으니 당연히 취소할 것이라고 생각했는데, 시누이는 계획대로 딸의 생일 파티를 열었다. 파티의 주인공 미아가 수두에 걸렸는데도 불구하고 집안은 많은 친구로 북적였다. 파티에 참석한 미아의 친구 중에는 이미 수두를 앓은 아이들이 몇 있었다. 하지만 놀랍게도 친구 중 수두 예방 접종을 맞은 아이는 하나도 없었다.

한국에서는 수두 예방 접종이 국가적으로 필수인데, 영국에서는 수두 예방 접종을 맞는 영유아가 거의 없다. 얼굴에 수두 자국이 생긴다는 두려움이 없지는 않지만 어릴 적 수두를 앓으면 더 강한 면역력을 갖게 된다고 생각하기 때문이다.

한국 엄마인 내가 볼 때 영국 엄마들은 아이들을 강하게 키운다. 수두 예방 접종뿐만 아니라 아이가 감기에 걸려도 그 흔한 감기약조차 먹이지 않는다. 게다가 항생제라고 하면 손사래를 친다.

영국 아이들은 말문이 트이기 전부터 "생큐(thank you)", "플리즈(please)"라는 "매직 워즈(magic words)"로 매너를 배우고, 티피오(TPO)에 맞게 옷을 입는다. 자연과 동물을 벗 삼아 자라며, 저녁 8시가 되기 전 아무런 투정 없이 스스로 잠자리에 든다. 영국 아이들이 이렇게 성장하는 데는 엄마들의 특별한 비법이 있다.

영국 엄마들은 자신의 교육관에 대해 뚜렷한 신념을 가지고 있으며, 분위기에 휩쓸리지 않는다. 그래서인지 한국에서 흔히 볼 수 있는 "우리 아이 이렇게 키웠다"는 식의 영재 자녀를 두거나 명문대에 입학한 자녀를 둔 부모가 스포트라이트를 받거나 방송에 출연해 자녀 교육 성공담을 늘어놓는 것을 볼 수 없다. 영국 엄마들은 그들은 그들이며, 우리 아이가 굳이 영재이거나 명문대를 가야 한다고 생각하지 않기 때문에 특별하게 그들을 닮고 싶어 하지 않고 비교 대상으로 여기지도 않는다.

영국에도 사교육이 존재한다. 하지만 한국처럼 국영수 같은 공부 위주가 아니라 승마, 스키, 테니스, 발레, 음악 같은 예체능으로 아이들이 재미있게 즐길 수 있는 게 대부분이다. 한국에서 흔한 학습지도 영국에는 존재하지 않는다.

한국에서는 엄마가 조금만 열심히 하면 아이의 미래가 달라진다고 믿는다. 아이는 70퍼센트의 능력을 가지고 있고, 엄마가 어떻게 교육을 시키는지에 따라 나머지 30퍼센트를 충족시킬 수 있다고 생각한다. 자녀의 성공 열쇠를 엄마가 쥐고 있다고 여기는 것이다. 그래서인지 한국 엄마들은 대부분 자녀교육에 유독 높은 책임감과 의무감에 사로잡혀 있다. 이런 사회적인 분위기 때문에 아이들의 사교육 비율은 점점 높아지고, 엄마들을 대상으로 한 교육이나 육아 관련 책들의 인기 또한 높다.

그렇다면 영국 엄마들은 어떨까?

영국 엄마는 자녀의 미래를 엄마가 바꿀 수 있다고 생각하지 않는다. 아이마다 타고난 특성이나 기질이 중요하다고 믿는다. 아이의 능력이 70퍼센트라면 그 70퍼센트 자체로 행복하게 살 수 있다고 생각한다. 아이가 타고난 기질과 특성을 살릴 수 있도록 지켜보는 등 자기만의 뚜렷한 주관을 가지고 교육한다. 한국 엄마들이 보기에는 무심한 것처럼 보일지 몰라도 확실한 건 아이들과 엄마 모두 행복해한다는 점이다.

또한 영국 엄마들은 아이를 하나부터 열까지 통제하는 양육법(controlling parenting)을 벗어나 느긋하게 천천히 양육하기(slow parenting), 단순하게 양육하기(simplicity parenting)로 관심을 돌리고 있다. 아이를 믿고 스스로 할 때까지 기다려주는 것이다. 특히 '빨리빨리 문화'가 일반석인 한국에서는 내 아이가 다른 아이보다 조금이라도 앞서길 바란다. 이는 부모도 모르는 사이, 아이에게 부담을 줄 수 있다.

'천천히 양육하기'에서는 엄마는 물론이고 아이도 완벽할 필요가 없다. 엄마라서 아이만을 생각하는 것도 아니고, 아이를 생각하는 만큼 자신을 생각한다. 조금은 게으르게 느긋한 마음으로 양육하면 된다. 기다리며 지켜보는 것만으로도 자녀는 독립성과 자율성을 배운다. 그뿐만 아니라 엄마는 물론 아이들도 스트레스 없이 행복해질 수 있다.

런던 대학교의 마이 스태포드(Mai Stafford) 박사는 정신적 통제는 아이의 독립성을 방해하며, 스스로 할 수 있는 자율성 또한 감소시킬 뿐만 아니라 불행한 삶을 만들 수도 있다고 말했다. 그의 말 한마디가 계속 가슴에 남는다.

"부모는 먼 훗날 자녀들이 행복하게 살 수 있는 정신적 풍요로움을 결정짓는 가장 중요한 요인입니다."

첫아이를 낳고 힘든 육아를 경험하면서 만난 영국 엄마들은 나와 달리 모두 행복해 보였다. 그들은 엄마가 된 것을 자랑스러워하고 그 순간을 즐기며 육아를 대수롭지 않다는 듯 척척 해냈다. 나는 그 모습이 놀라울 뿐이었다.

맞벌이 비율이 90퍼센트가 넘는 영국에서 엄마들은 슈퍼우먼이 되어야 한다는 압박감을 갖지도 않고 완벽함을 추구하지도 않는다. 조금은 포기할 줄도 알며 느긋하게 육아를 한다. 아이를 키우면서 하루를 마감할 때, '미 타임(me time)'을 즐기며 엄마가 아닌 여자로서 나만의 시간을 가진다. 요컨대 영국 엄마들은 아이의 행복만큼이나 자신의 행복을 중요하게 생각한다.

《영국 엄마의 힘》을 읽고 육아에 지친 한국 엄마들이 잃어버린 자신을 찾고, 여유 있는 삶을 즐기는 행복한 여자가 되길 바란다.

2016년 가을
영국 셰필드에서, 최향기

| 목차 |

작가의 글 원칙을 지키고 배려를 가르치는 영국 엄마에게 배워야 할 것들 ●5

1부 영국 육아에 대해 궁금한 몇 가지 것들

01 영국 아기들이 태어난 다음 날부터 외출하는 까닭은? ●15
02 영국 엄마들은 생후 6개월 된 아기를 왜 혼자 재울까? ●19
03 영국 아이들이 오후 5시부터 취침을 준비하는 이유는? ●24
04 영국 엄마들이 카시트에 목숨을 거는 이유는? ●31
05 영국 엄마들이 이유식을 최대한 간단하게 만드는 까닭은? ●35
06 영국 엄마들의 타임아웃 훈육법이란? ●40
07 영국의 워킹맘이 워킹우먼보다 당당한 이유는? ●43
08 영국에는 파더스 데이와 마더스 데이가 따로 있다? ●46
09 영국에는 임신부터 출산까지 함께하는 미드와이프가 있다? ●49
10 영국 아이들이 만 3세부터 너서리 스쿨을 가는 이유는? ●52
11 영국은 산전 검사부터 출산 비용까지 모두 무료다? ●56
12 영국 엄마들은 미역국 대신 아기 태반을 먹는다? ●59
13 영국 엄마들의 모유 수유 투쟁기 ●64

2부 지혜로운 영국 엄마들의 특별한 자녀교육법

14 영국 엄마에게는 미 타임이라는 게 있다 ●73
15 신생아부터 혹독한 생존수영을 가르치는 영국 엄마 ●76
16 매직 워드의 주문을 외는 해리 포터 같은 영국 엄마 ●81
17 아기를 반려동물과 함께 키우는 영국 엄마 ●84
18 스스로 용돈을 버는 습관을 가르치는 영국 엄마 ●87
19 면역력 있는 아이로 키우기 위한 영국 엄마의 지혜 ●91
20 노 키즈 존 없이 아이 키우는 영국 엄마 ●95
21 진정한 노블리스 오블리주의 영국 왕족 교육법 ●101
22 영국 아이들의 건강을 생각하는 스타 셰프 제이미 올리버 ●106

23 예절과 기부를 가르치는 베컴 부부의 자녀 교육법 ●110
24 영국 버진그룹 회장 리처드 브랜슨의 특별한 육아 휴직 ●113
25 영국 중산층 엄마의 남다른 자녀교육법 ●116

3부 영국식 교육 문화가 건강하고 강한 아이를 만든다

26 아기와 엄마를 먼저 배려하는 영국인과 영국 사회 ●125
27 영국 아이들이 교실 밖에서 배우는 것들 ●129
28 제4차 산업혁명을 준비하고 있는 영국 정부와 아이들 ●135
29 영국의 지브라 크로싱은 유모차도 춤추게 한다 ●139
30 영국은 싱글맘도 당당하게 아이 키우는 나라 ●143
31 영국인과 영국 사회가 아동 학대에 대처하는 자세와 방법 ●147
32 노산과 난임에 대처하는 영국 정부의 자세 ●155
33 외모 차별 없이 자라나는 영국 아이들 ●159
34 유대인 자녀교육법을 바라보는 영국인의 시선 ●165
35 아이들의 교육을 위해서 잠옷을 입지 마세요 ●169
36 내 아이의 사진을 SNS에 함부로 올리지 마세요 ●172

4부 평범한 아이를 비범하게 만드는 영국식 교육의 비밀

37 박물관을 아이들의 놀이터로 만든 영국 ●181
38 열여덟 영국 청소년에게는 갭 이어라는 안식년이 있다 ●185
39 망나니에서 어른이 되어가는 영국의 대학생들 ●191
40 영국은 지금 '아빠 효과'라는 신조어가 유행 중 ●194
41 영국 아빠들은 진짜 아들만 좋아할까? ●199
42 어릴 적부터 아빠에게 레이디 퍼스트를 배우는 아이들 ●202
43 영국의 독서교육은 아빠의 베드타임 스토리에서 시작된다 ●205
44 동화 속 주인공들과 함께 크는 영국 아이 ●210
45 품격과 전통을 중시하는 영국의 사립학교와 공립학교 ●214
46 부부 중심의 삶으로 행복을 지향하는 영국 부모 ●219

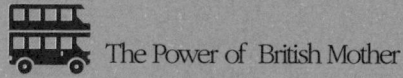
The Power of British Mother

1부

영국 육아에 대해
궁금한 몇 가지 것들

......

영국 부모들이 자녀의 가정 훈육법으로 가장 흔하게 사용하는 것이 바로 타임아웃(Time-Out)이다. 집 안에서 지켜야 할 하우스 룰(House Rule)을 깨버리거나 버릇없이 굴 때 '타임아웃'을 불러 아이들이 혼자만의 장소에서 감정을 추스르고 반성하는 시간을 갖게 하는 것이다. 이때 영국 부모들은 아이를 1층 거실과 2층 침실로 올라가는 계단을 가리키며 "Go to the naughty step!"이라고 말한다. 한국에서 타임아웃 훈육 방법으로 '생각하는 의자'가 있다면 영국에서는 '생각하는 계단(Naughty Step)'이 있는 셈이다.

영국 아기들이 태어난 다음 날부터 외출하는 까닭은?

01

영국에서 첫아이를 자연분만한 나는 출산 직후 최고의 몸 상태였다. 무거웠던 몸이 출산 후 하루아침에 정말 날아다닐 듯 가벼워졌다. 그런데 웬걸, 잠 못 자는 고통이 얼마나 큰 것인지 이내 실감했다. 퇴원 후 시댁에서 산후조리를 하는 며칠 동안 하루 3~4시간밖에 잠을 못 자니 피곤해서 몸이 축나기 시작했다.

하루 종일 비몽사몽인데 모유 수유까지 하다 보니 정말 좀비 상태가 되어버렸다. 그런데 당시 시댁에서 조리하고 있던 나에게 시어머니는 물론 신생아와 산모의 상태를 체크하러 방문한 미드와이프(midwife, 조산사) 역시 침대에서 좀 더 쉬는 걸 권하는 게 아니라 산책을 추천하는 것이었다.

전통적으로 한국에서는 출산 후 산후조리 기간을 보통 3개월로 생각한다. 출산 후 처음 6주간은 산욕기라고 해서 임신 전 상태로 몸을 회복시키는 기간이다. 특히 첫 삼칠일 동안에는 바깥 외출을 자제하고 산모의 몸조리에 가장 신경을 썼다. 신생아 역시 마찬가지이다. 영아 사망률이 높았던 과거 면역력이 약한 신생아는 백일 때까지 바깥 외출을 하지 않는 게 일반적이었다.

이런 생각이 뿌리 깊게 박힌 나에게 출산 후 일주일도 지나지 않은 상황에서 산책을 하라고 하는 영국인 시어머니와 미드와이프를 이해할 수 없었다. 왜 영국에서는 산모와 신생아에게 산책을 권하는 걸까?

영국에서 흔히 볼 수 있는 모습 중 하나가 유모차나 카시트를 들고 다니는 엄마들이다. 그런데 유모차나 카시트에서 잠들어 있는 아기는 한 달도 채 되지 않은 신생아들이 많다.

보통 영국에서는 아이들의 면역력을 증진시키기 위해 신생아 외출을 추천하는 편이다. 또한 태반 찌꺼기인 오로를 빨리 몸 밖으로 배출하기 위해 하루에 한 번 정도 산모에게도 역시 가벼운 산책을 추천한다.

영국에서는 출산 후, 엄마의 건강에 아무 이상이 없고 몇 가지 주의사항만 지킨다면 유모차에 신생아를 태우고 짧은 산책 정도는 언제든지 가능하다고 말한다.

신생아를 데리고 외출할 경우 생후 6주에서 8주까지는 공기로 전해지는 전염성 바이러스 때문에 환기가 잘 안 되는 쇼핑몰처럼 사람들이 붐비는 장소는 피하는 것이 좋다. 시끄럽고 빛이 밝은 장소 대신 조용한 집 근처나 공원에서 30~45분 정도 산책하는 것이 적당하다고 한다.

신생아와 외출 시에는 날씨에 맞는 적절한 옷을 입히는 것 역시 중요하다. 초보 부모는 신생아가 추위를 잘 탄다고 생각해 일반적으로 옷을 몇 겹씩 껴입히는 경우가 많다. 이럴 때는 가벼운 옷 두세 겹을 입히고 상태를 보아가며 그때마다 적절한 체온 유지를 하는 것이 중요하다.

적당한 산책은 물론 괜찮지만 영국도 한국과 마찬가지로 신생아가 있는 집에서는 손님을 많이 초대하지 않는 것이 보통이다. 특히 감기나 독감이 유행하는 시기에는 신생아를 안고 싶어 하는 손님에게 손을 씻어달라고 부탁한다.

영국 신생아들은 가정 출산이 아니면 엄마와의 산책 이전에 이미 외출을 경험한다. 병원에서 출산 후 아무 이상이 없다고 판정되면 곧바로 카시트에 태워 집으로 가는 저니 홈(journey home) 과정을 겪기 때문이다. 그리고 보통 생후 2~3일 이내 날씨가 좋으면 집 정원에서 신선한 공기를 쐬고, 일주일쯤 후에는 유모차를 타고 바깥 구경을 한다.

올해 6월 출생한 둘째 아이는 물론, 한겨울에 출생한 첫째 아이도 생후 5일째 되던 날 15분 정도의 첫 외출을 시작해 내가 몸 상태를 회복한 한 달 이후부터는 거의 매일 유모차를 타고 외출했다.

신생아 외출이 일반적인 영국에서 디럭스 유모차는 돈 자랑이 아닌 필수 육아용품 중 하나이다. 부피가 있어 안정적인 디럭스 유모차는 흔들림이 적기 때문에 신생아 안전에 매우 중요한 역할을 담당한다.

사실 신생아 외출을 적극 추천하는 것은 영국뿐만 아니라 미국도 마찬가지이다. 2007년 미국 CNN에서는 부모가 집 안에서 하루 종일 끼고 있는 것(keeping a newborn cooped up at home)은 좋지 않은 신생아 육아법 중 하나라고 보도했다. 뉴스에 따르면 사람들이 붐비는 장소로 신생아를 데려가는 것과 마찬가지로 하루 24시간 6주 이상 집 안에서만 머무르게 하는 것 역시 아이의 발달과 건강에 나쁘다. 또한 집 안에서 대화할 사람 하나 없이 육아를 감당해야 하는 산모의 산후우울증을 더욱 심각하게 만든다. 그래서 비교적 한산한 시간에 가까운 식료품점에 신생아를 데리고 나가 신선한 공기를 마시는 것이 좋다. 아울러 방송은 낮과 밤을 구분 못하는 신생아가 밤잠을 깊게 자는 데 도움을 준다며 잠깐의 외출을 적극 권장했다.

면역력이 약한 신생아의 외출은 최소 100일, 즉 3개월 이후에나 추천하는 한국. 물론 한여름에는 폭염, 한겨울에는 한파라는 한국 날씨의 특성상 신생아 외출이 힘든 경우도 있다. 하지만 무조건적으로 신생아의 면역력을 걱정하며 집 안에서 꽁꽁 싸매고 있는 건 오히려 면역력을 더 떨어뜨리는 육아 방식이 아닌지 한 번쯤 생각해보는 것도 좋지 않을까 싶다.

영국 엄마들은 생후 6개월 된 아기를 왜 혼자 재울까?

02

영국에서 TV를 보다 보면 종종 영유아 돌연사에 관한 뉴스가 흘러나온다. 충격적인 것은 그 대부분이 부모에 의한 질식사라는 점이다. 갓 태어난 아기가 귀여워 옆에 두고 재우는가 하면 모유 수유를 하다 깜빡 잠이 드는 경우도 있다. 이때 부모의 부주의나 무의식적인 뒤척임이 유아에게 치명적인 위해를 입혀 돌이킬 수 없는 상황에 이르는 것이다. 새 생명을 얻은 기쁨도 잠시, 다른 사람도 아닌 부모 때문에 아기가 사망에 이른다면 이보다 더 큰 비극이 또 있을까?

영국에서는 이런 질식사를 사전에 예방하고 또 다른 변수와 안전을 위해 부모와 아기가 따로 방을 쓰는 것을 당연시한다. 영국 NHS(National Health Service, 영국국민보건서비스)에서도 생후 6개월부터는 아기 방을 마련해 따로 재우라고 권한다. 6개월 이전이라도 부모와 아기가 한 방에서 잘 경우 같은 침대에 나란히 눕는 것은 절대 금한다.

영국 엄마들이 생후 6개월 된 아기를 혼자 재울 수 있는 배경에는 영유아를 위한 슬리핑 제품이 다양한 것도 한몫을 한다. 대표적인 게 바로 베이비 모니터(Baby Monitor)이다. 마이크가 달려 있는 본체를 설치하면 아기가 뒤척이는 미세한 소리까지 다 잡아준다. 아기와 떨어져 있어도 마치 옆에 있는 것 같은 효과를 주는 이 제품은 갈수록 종류가 다양해지고 있다. 카메라 부착은 기본이고 스마트폰으로 연결해 24시간 아기의 모습을 확인할 수 있는 제품도 있다.

또 하나의 필수 제품은 슬리핑백(Sleeping Bag) 같은 영유아 전용 이불이다. 아기가 입고 잘 수 있는 큰 자루 모양의 조끼 형태인데 아기의 온몸을 커버해주기 때문에 보온 효과가 뛰어나다. 또한 몸을 고정시킬 수 있어 아기가 움직이더라도 안전하다. 그 밖에 방의 온도에 따라 색깔이 변하는 그로에그(Gro-Egg), 아이의 머리를 보호해주는 서드가드(Thudguard) 등 다양한 제품이 있다.

이렇게 많은 아기용품이 나와 있지만 여전히 영국 엄마를 사로잡는 스테디셀러는 모세즈 바스킷(Moses Basket)과 캇(Cot)이다. 먼저 신생아부터 6개월까지 아기를 둔 부모의 필수품인 모세즈 바스킷. 우리나라에서는 이것을 모세 바구니라고 부른다. 구약성서 속의 모세 엄마가 모세를 살리기 위해 갈대풀과 역청을 사용해 만든 바구니에서 유래한 이 제품은 영국뿐만 아니라 전 세계 엄마들의 사랑을 독차지하고 있다.

아기가 이 바구니에 누우면 마치 엄마 품속처럼 느껴져 편안한 상태가 된다고 한다. 주의해야 할 점은 이 바구니에 아기를 재울 때는 푹신한 이불이나 베개 같은 물건을 넣지 말아야 한다는 것이다. 아기의 호흡에 지장을 주기 때문에 조심해야 한다.

캇은 아기 전용 침대이다. 안에 짚으로 된 매트리스를 깔아 위험을 방지하고 청결 유지를 위해 주위의 금속제 테두리에 리넨 커버를 씌워 사용한다. 무엇보다 침대 프레임이 높고 개월 수에 따라 매트리스 높이를 조절할 수 있어 아기가 기어 다니거나 걷기 시작해도 안전하게 재울 수 있는 장점이 있다.

이처럼 영국 엄마들은 다양한 신생아용품을 이용해 아기들을 혼자 재운다. 아기 방은 기본적으로 섭씨 16~20도의 온도를 유지한다. 한국 엄마들이 생각하기엔 다소 서늘할 수도 있지만 영국 엄마들은 이 온도가 아기들에게 가장 적절하다고 생각한다.

영국 엄마들이 아기를 재울 때 목숨처럼 조심하는 게 있다. 바로 아기를 엎드려서 재우지 않는 것이다. 질식사의 위험이 높기 때문이다. 한국에서는 아기 뒤통수를 예쁘게 만들려고 엎드려 재우는 엄마들이 있는데, 농담 삼아 남편한테 이런 얘기를 했다가 "어떻게 아기 생명보다 뒤통수 모양이 더 중요하냐!"는 질책을 들은 적이 있다.

아기를 엎드려 재우는 것과 부모와 한방에 재우는 것은 이 섬나라에서 상상도 하지 못할 이야기이다.

이처럼 영국 엄마들이 생후 6개월부터 아이를 혼자 재우는 데는 단점보다 장점이 많기 때문이다. 먼저 아기를 혼자 재우면 질식사로부터 안전할 뿐만 아니라 부모나 자녀 모두 숙면을 취할 수 있다. 한국에서는 아이들이 엄마가 바로 옆에서 자더라도 도중에 깨서 울거나, 새벽에 돌아다니며 놀기도 해 제대로 잠을 못 잔다고 하소연하는 엄마들을 쉽게 볼 수 있다. 이와 달리 아이를 따로 재우는 영국 엄마들은 대부분 꿀잠을 잔다. 신생아 때부터 혼자서 자는 방법을 터득한 영국 아이들은 잠에서 깨더라도 스스로 다시 잠에 들어 최소 10~13시간 통잠을 잔다.

두 아이 모두 각방에서 재우는 나도 아이와 함께 자본 경험이 있다. 한국을 다녀온 후 큰 아이가 감기에 걸리고 시차 적응 때문에 힘들어 해서 한 방에서 잠을 잤다. 서로의 따뜻한 온기를 느끼며 함께 자는 것은 좋았지만 제대로 잠을 이룰 수 없었다. 그건 아이도 마찬가지였다. 결국 내 침실로 돌아와서야 편한 숙면을 취할 수 있었다.

또 하나의 장점은 아이가 태어난 이후에도 부부 중심의 삶을 유지할 수 있다는 것이다. 한국에서는 엄마가 조리원에서 나와 집으로 오는 순간부터 신생아와 함께 잔다. 이때부터 처절하고 전쟁 같은 육아가 시작된다. 아이는 수시로 깨기 때문에 엄마는 비몽사몽 파김치가 되고, 다음 날 출근하는 아빠는 작은방이나 거실로 피난을 간다. 자연스레 부부간의 거리도 멀어지고 말수도 줄어든다. 결국 엄마는 아이 재우는 걸 혼자 감당해야 하고 밤 시간을 온전히 아이 재우는 데 보내다 보니 부부 중심의 삶은커녕 제대로 쉴 시간조차 없는 악순환이 계속된다. 게다가 이런 분위기가 계속 되다 보면 초등학교 입학 후에도 엄마 없이 못 자는 아이로 성장하기 쉽다.

이에 비해 영국은 부모 중 한 사람이 아이를 재운다. 자장가를 불러주기도 하고 책을 읽어주기도 한다. 엄마가 없다고 잠 못 자거나 우는 아이는 찾아볼 수 없다. 그렇게 해서 아이가 잠들면, 이때부터 부부는 둘만의 오붓한 시간을 가진다.

"그건 서양 방식이야. 한국 정서와는 맞지 않아."

내가 이런 영국식 육아법을 이야기하면 반응이 좋지 않다. 한국 엄마들은 돌 이전에 아기를 따로 재우는 것에 대해 여전히 부정적이다.

"아기를 혼자 재우면 불안해. 눈으로 바로 확인할 수도 없고, 그럼 아기가 위험할 수도 있잖아. 어릴 때부터 혼자 재우면 애정 결핍이 올 수도 있어. 무엇보다 아이와 함께 잘 수 있는 시기는 불과 10년 안팎이야. 그 시간이 얼마나 소중한데…. 그걸 포기하고 싶진 않아."

물론 이런 한국적 육아 방식이나 사고가 무조건 틀렸다, 잘못됐다고는 말할 수 없다. 그러나 아이와 한방에서 한 이불을 덥고 자는 게 꼭 애착 육아(Attachment Parenting)라고 생각하지는 않는다. 애착은 아이가 깨어 있을 때 엄마와 눈을 마주치고 대화하고 놀면서 상호 교감으로 이루어지는 것이지 함께 잔다고 형성되지는 않는다.

또한 하루 24시간 육아에서 못 벗어나는 엄마들에게 아이를 따로 재우고 스스로 잠들 수 있는 기회를 주는 건 아이의 수면에도 도움을 줄 뿐만 아니라 엄마의 에너지를 재충전하는 데도 도움을 줄 수 있지 않을까 생각한다.

영국 아이들이 오후 5시부터 취침을 준비하는 이유는?
03

영국에서 아이를 키우다 한 번씩 한국에 올 때마다 급속도로 달라진 모습에 깜짝 놀란다. 갈수록 많아지는 고층 빌딩, 거리에 가득한 비싼 수입 자동차, 다양한 메뉴를 맛볼 수 있는 고급 레스토랑, 패셔너블한 한국 젊은 이들까지 내가 태어나고 자란 곳이 맞나 싶다.

이런 조국의 발전된 변화를 보는 즐거움도 크지만 내게는 좀 더 새로운 것이 보이기 시작했다. 바로 한국 엄마와 아이들. 엄마가 되기 전까지만 해도 별 관심이 없었는데, 막상 아이를 낳고 보니 유독 눈길이 갔다. 엄마와 아이들의 다정한 모습은 영국이나 한국이나 똑같지만 나를 조금 놀라게 한 점이 있다. 바로 해가 진 이후 저녁 시간 때 마트나 식당, 길거리 등에 아기와 아이들이 너무 많다는 것이다.

어느 날 아이를 친정 부모님께 맡기고 저녁 10시쯤 동네 찜질방에 갔다. 한 엄마가 네다섯 살쯤 되어 보이는 남자아이를 씻기고 있었다. 처녀 때라면 '다 큰 남자애를 여탕에 데리고 오면 어떡해' 하고 조금 짜증을 냈을 텐데, 그땐 밤 11시가 가까운 시간에 모자가 함께 목욕을 하고 있는 모습에 더 놀랐다.

나보다 더 놀란 것은 남편 제임스였다. 우리는 늦은 밤 마트에서 쇼핑을 하거나 가까운 공원에서 야경을 즐기며 산책을 하곤 했다. 그런데 쇼핑이나 산책을 나온 어른들 곁에는 으레 초등학생도 되지 않은 아이들이 초롱초롱한 눈빛으로 졸졸 따라다녔다. 밤 9시나 10시가 넘었음에도 졸립거나 피곤한 눈빛이 아닌 호기심 가득한 모습이었다.

남편은 농담 삼아 이렇게 말하곤 했다.

"도대체 한국 아이들은 언제 잠을 자는 거야."

영국 아이들은 해가 지면 미리 약속이라도 한듯이 거리에서 다 사라진다. 한여름에는 오후 5시나 6시쯤 부모와 함께 공원에서 뛰어노는 아이들을 볼 수 있어도, 서머타임이 해제되는 10월부터는 오후 5시 이후 거리에서 아이들을 보기 힘들다.

과연 영국 아이들은 해가 지면 다들 어디로 사라지는 걸까?

영국의 프라이머리 스쿨(Primary School) 학생들은 보통 오후 3시 30분에 정규 수업을 마치고 하교한다. 한국과 달리 영국은 보호자가 꼭 학교로 와서 아이들을 픽업하기 때문에 수업이 끝날 때쯤이면 학교 주변이 부모들의 차량으로 교통 마비가 되는 것을 흔히 볼 수 있다. 한국 학생들은 방과 후 예체능과 영수 학원으로 밤늦게까지 다니지만 대부분의 영국 아이는 부모와 함께 곧바로 집으로 향한다.

집으로 돌아온 아이들은 학교 숙제를 하기도 하고 텔레비전을 보기도 한다. 저녁은 보통 5~6시쯤에 간단하게 먹는다. 이런 간단한 식사를 티(Tea)라고 한다. 티 이후에는 부모와 함께 목욕을 한다.

영국식 목욕은 욕조에 거품을 잔뜩 푼다. 아이들이 거품놀이를 하면서 목욕을 즐기고, 밤잠에 들기 전 하루의 피로를 풀어주기 위해서다.

특히 잠을 자기 전의 목욕은 아기들의 긴장을 풀어주는 마사지 효과로 숙면을 도와주기 때문에 영국 육아 전문가들은 아기 목욕 시키기를 적극 권장한다. 거품 목욕이 끝나면 잠옷으로 갈아입고 잠자리에 들 준비를 한다. 부모는 아기를 침실로 데려가 오늘 하루 있었던 일들에 대해 이야기를 나누거나 동화책을 읽어주기도 한다.

"굿나잇."

부모의 굿나잇 키스를 마지막으로 아이들의 하루가 마무리된다. 이렇게 저녁 7시, 늦어도 8시쯤에는 잠자리에 든다.

늦게까지 TV를 보고 싶은 아이가 떼를 써도 소용없다. BBC 방송국의 어린이 채널 씨비비즈(CBeebies)가 저녁 7시에 방송을 종료하기 때문이다. 이보다 1시간 전인 6시부터는 이브닝 타임으로 구분하는데, 그 시작이 바로 〈선셋송(The Sunset Song)〉이다.

이 노래는 "Goodbye Sun~ Hello Moon"을 반복하는데 이후 1시간 동안은 꿈나라 방송이 이어진다. 6시 이후의 방송 프로그램은 밤, 꿈, 우주 같은 것들과 연결된 잔잔한 내용이며 출연자는 침대 세트장을 배경으로 잠옷을 입고 방송을 진행한다.

마지막 프로그램은 저녁 6시 50분에 방송하는 〈베드타임 스토리(Bedtime Stories)〉이다. 이 프로에는 영국 유명인사들이 출연해 아이들에게 동화

책을 읽어준다. 영국 배우 로자먼드 파이크, 패트릭 스튜어드, 제임스 맥어보이가 곰돌이 인형을 안고 아이들의 꿈나라 여행을 도와주기도 했다.

BBC 같은 공영방송에서도 아이들을 일찍 재우려 노력하는 영국에서 살다 보니 늦게까지 깨어 있는 한국 아이들을 보면 신기할 정도이다. 작년 연말, 육아 프로그램에 출연 중인 연예인들이 상을 받고, 수상 소감을 말하는 동영상을 인터넷으로 우연히 본 적이 있다. 그때 수상자보다 눈에 들어온 건 시상식에 참석한 자녀들이었다. 밤 10시가 넘은 늦은 시간까지 아이가 밤잠에 들지 않고 깨어 있는 걸 보고 깜짝 놀랐다.

'한국 아이들은 잠이 부족하다.'

이 뉴스는 한국인인 내게 충격으로 다가왔다. 세계 17개국 영유아 3만명(한국 1036명)을 대상으로 한 수면 조사였다. 이 조사에 따르면 영국 아기들이 평균 밤 8시 25분에 잠드는 것과 달리 한국 아기들은 밤 10시 8분에 잠드는 것으로 나타났다. 더구나 한국 아기들은 영국 아기들에 비해 1시간 40분 늦게 잠들고 평균 수면 시간 역시 1시간 정도 적다고 한다. 그 이유는 아기의 텔레비전 시청이나 부모와 함께 잠드는 습관 등 때문이다. 이 뉴스는 수면 부족이 아이의 뇌 발달 지연을 가져올 수 있다는 충격적인 소식도 덧붙였다.

이를 뒷받침하기라도 하듯 프랑스와 캐나다에서 진행한 공동 연구에 따르면, 4세 때 하루 10시간 수면을 한 아이들은 11시간 수면을 한 아이들에 비해 만 10세 무렵 어휘력이 1.7배 떨어지는 것으로 나타났다.

영국 아기들이 일찍 잠자리에 드는 건 하루아침에 생긴 습관이 아니다.

부모가 신생아 때부터 일찍 자는 습관을 길러준 루틴(routine) 덕분이다. 아기들을 키우는 대부분 영국 부모들은 7시 늦어도 8시 이전에는 재우기 시작한다. 매일 일정한 저녁시간대에 목욕을 시키고, 침실로 데려가 배부르게 수유를 하고 잠올 재우면시 빔잠 자기 전 매일 똑같은 일상을 만들어주면서 일찍 자는 수면 패턴을 만들어주기 시작한다.

영국에서 이렇게 아이를 일찍 재울 수 있는 건 부모의 퇴근 시간이 빨라서 가능하다고 이야기하는 한국 엄마 아빠들도 있을 것이다. 한국은 퇴근 시간이 늦어서 아이들을 일찍 재우는 게 불가능하다고 생각하겠지만, 영국 직장인들의 평균 퇴근 시간은 6~7시이다. 게다가 맞벌이 부부가 대부분이고, 야근 때문에 퇴근이 늦는 경우도 많다. 그래서 빨리 퇴근한 아빠나 엄마가 아이에게 저녁을 먹이고 목욕을 시키고 늦어도 9시 전에는 재우려 애쓴다.

아이를 7시에 일찍 재우면 매일 늦게 퇴근하는 아빠와는 언제 시간을 보내냐고 생각하는 한국 엄마들이 분명히 있을 것이다. 한국에서는 어린 자녀가 있는 경우 늦게 퇴근하는 아빠와의 시간을 만들어주기 위해 퇴근 시간에 맞춰 아이를 10시 넘은 시각에 재운다는 집도 많다.

영국에서도 야근을 하거나 출장이 잦아서 평일에 아빠를 못 보는 자녀들이 있다. 하지만 평일에 늦게 아빠와 노는 시간보다 아이의 올바른 생활 습관을 만들어주는 걸 더 중요하게 생각하기 때문에 아빠의 얼굴을 못 보더라도 일찍 재운다. 아울러 평일에 시간을 못 보내면 주말에 함께 더 지내려고 노력한다.

영국에서는 신생아 시절부터 일찍 자는 습관을 자녀에게 길러주다 보니 잠으로 고민하는 부모를 찾아보기 힘들다. 대부분 7~8시 정도에 밤잠을 시작해서 다음 날 아침 6~8시까지 11~13시간 통잠을 잔다. 이 습관은 영유아기가 지나고, 십대가 되어서도 계속 유지된다. 이렇게 어릴 적부터 일찍 재우면 아이들의 수면의 질이 자연스럽게 높아진다.

자녀에게 일찍 자는 습관을 길러준 덕분에 저녁 시간부터 영국 엄마들은 본인만을 위한 시간을 가질 수 있다.

한국에 머무는 동안 친정엄마는 잠투정 없이 바로 저녁 7시부터 혼자서 자기 시작하는 손녀를 너무 대견해하셨다. 낮에 힘들었던 아이 돌보기가 저녁 시간만큼은 편히 쉴 수 있어 너무 좋다고 하셨다. 유독 일찍 아이를 재우는 수면 교육을 처음에는 못마땅해 했던 친정엄마도 직접 옆에서 보고 경험해보니 신세계라며 아이를 일찍 재우는 수면 습관에 대해 찬양을 하실 정도였다.

반면 육아가 시작되는 순간부터 한국 엄마에게는 자유시간이 없다. 특히 기관에 아이를 맡기지 않는 영유아 자녀가 있는 엄마에게 나만의 시간이란 기적과 같은 일이다. 하지만 아이를 일찍 재우는 영국에서는 그 기적을 경험할 수 있다.

두세 살 연년생 남매를 키우는 내 이웃 엄마 클레어는 저녁 7시 30분만 되면 자전거를 타고 운동을 하러 나간다. 저녁 6시 40분쯤 아이들을 재우고, 잠든 아이들이 있는 집은 퇴근한 남편이 지킨다고 한다. 어린이집에서 만난 영국 엄마 엠마는 14개월 된 아들을 7시쯤 재우고, 퀼트와 재봉틀을 취미로 배우며 낮에 쌓인 육아 스트레스를 푼다고 한다.

나 역시 연년생 아이들을 막 재우고, 저녁 시간에 이 글을 쓰고 있다. 아이들을 일찍 재우지 못했다면《영국 엄마의 힘》을 집필하기는 불가능했을 것이다. 늦게 자는 아이들을 조금만 일찍 재워도 아이의 수면의 질뿐만 아니라 엄마의 삶이 윤택해진다. 한국 엄마들에게 아이를 한 시간이라도 일찍 재우길 적극 권장한다.

영국 엄마들이 카시트에 목숨을 거는 이유는?
04

영국 엄마들은 자녀를 키울 때 안전을 최우선시한다. 영국 엄마들이 출산 전에 준비하는 필수 육아용품만 살펴보더라도 그 점을 알 수 있다. 신생아부터 부모와 따로 자는 게 제일 안전하다고 생각하기 때문에 신생아 전용 침대 모세즈 바스킷를 준비하고, 캇을 미리 구입한다. 그리고 자녀의 수면 상태를 항상 체크할 수 있는 베이비 모니터 역시 필수 육아용품으로 손꼽힌다.

2층 혹은 3층짜리 영국 주택에는 꼭 계단이 있다. 1층은 주로 거실, 주방이고 2층이나 3층에 침실이 있다. 계단이 있는 이런 실내 구조 덕분에 아이가 기어 다니기 시작하면 계단을 올라가려고 한다. 그래서 층마다 계단이 시작되는 곳에 베이비 게이트(Baby Gate)나 베이비 가드(Baby Guard)를 설치한다. 베이비 게이트나 베이비 가드는 영유아를 위한 미닫이식 안전문이다. 잠금 장치가 되어 있어 영유아들은 열지 못하고, 어른은 한손으로 편하게 열고 닫을 수 있기 때문에 엄마들이 아기를 안은 상태에서도 이용하기 쉽다. 계단이 있는 곳뿐만 아니라 주방 입구나 아기 방 입구에 설치하는 경우도 많다.

마지막으로 가장 중요하게 생각하는 필수 육아세품은 바로 카시트이다. 영국에서는 출산 후 산모가 병원에서 신생아를 집으로 데려갈 때부터 카시트에 태워야 한다. 혹시 교통사고라도 나면 카시트가 어린 아기의 생명을 지켜주는 데 매우 중요하다고 생각하기 때문이다. 미국 도로교통안전국(NHTSA)의 발표에 따르면, 교통사고가 발생했을 때 카시트에 있는 영유아의 경우 만 1~2세는 71퍼센트, 만 3~12세는 54퍼센트까지 사망률을 줄일 수 있다고 한다.

나 또한 병원에서 퇴원할 때 카시트 검사를 받아야 했다. 카시트를 준비하지 않으면 퇴원을 시켜주지 않기 때문이다. 카시트 없이 신생아를 태웠다가 혹시 사고라도 나면 사망할 수 있다는 무시무시한 경고를 듣기도 했다.

영국에서 자란 남편은 아기띠를 앞으로 하고 운전하는 한국 엄마나 어린 아이들이 자동차 앞좌석에 앉아 있는 것을 보고 기겁을 했다. 거기다 내가 어린 시절 차멀미 때문에 뒷좌석에 누워서 엄마 무릎을 베개 삼아 잤다고 말하자 경악을 금치 못했다. 그리고 카시트 없이 아이들을 태우고 운전하는 한국 부모들은 안전 불감증이라며 영국에서는 절대 있을 수 없는 일이라고 열변을 토했다.

내가 어릴 때만 해도 카시트가 없었기 때문에 차 안에서 멀미가 나면 앞좌석에 앉기도 하고, 뒷좌석에 누워 자는 게 일반적이었다. 물론 요즘은 한국에서도 카시트를 상용화하는 추세이지만, 카시트 이용률이 95퍼센트가 넘는 영국에 비해 한국은 30퍼센트 정도밖에 안 된다는 교통안전공단의 통계가 있다.

이 때문인지 명절 고속도로에서 일어나는 교통사고 사상자 중 아동의 비율이 어른보다 2배가량 높다고 한다. 특히 카시트를 안 할 경우 2배 정도 사상 확률이 높고, 머리에 중상을 입을 확률은 20배 정도 높다고 한다.

한국에서 카시트를 안 하는 엄마들도 나름의 이유는 있다. 아이가 카시트만 하면 자지러지게 울기 때문에 도저히 할 수 없다는 엄마도 있고, 차를 자주 타지 않기 때문에 카시트가 필요 없다고 말하는 엄마도 있다. 하지만 한국 엄마들이 카시트를 안 하는 이유는 영국 엄마들에게는 아이의 목숨을 방치하는 위험한 행동일 뿐이다. 영국 아이들이 모두 카시트에 타는 것을 즐기는 건 절대 아니며, 아이가 목이 쉬어라 악을 쓰면서 울거나 5분 이내의 거리라 해도 무조건 카시트에 아이를 태운다.

첫아이가 생후 5개월쯤 됐을 무렵, 지금 살고 잉글랜드에서 웨일스에 위치한 시부모님 별장으로 여행을 간 적이 있다. 편도로 3시간 정도 걸리는 거리였다. 고속도로를 탄 지 1시간쯤 됐을까, 카시트에서 자고 있던 아이가 깨서 심하게 울기 시작하는 것이었다. 10분이 지나고 20분이 지나도 울음을 그치지 않았다. 이때 카시트에서 아이를 꺼내 품에 안고 달래고 싶은 마음이 얼마나 간절했는지 모른다. 하지만 남편은 곧 울음을 그칠 거라며 고속도로 위 차 안에서 아이를 안고 가는 건 아이의 생명을 담보로 모험을 하는 것과 똑같다고 단호하게 말했다. 결국 아이는 30분 정도 지날 무렵 울다가 지쳐 잠이 들었다. 나중에 이 이야기를 시누이에게 했더니, 첫째 딸이 생후 10개월쯤 됐을 때 고속도로 정체로 6시간 가까이 갇혀 있었는데 3시간 넘도록 카시트에서 울었다고 한다. 고속도로에서 차를 멈추기도 힘들고 위험하게 카시트에서 아이를 꺼내 달래줄 수도 없는 상황이라 너무 괴로웠다고 했다.

한국에서는 카시트 착용 의무 연령이 만 6세까지인 데 비해 영국에서는 태어난 그날부터 만 12세가 되거나 혹은 키가 135센티로 자랄 때까지 카시트를 의무적으로 해야만 한다. 카시트 없이 아이를 태우고 운전하다가 경찰에 적발될 경우 30파운드(한화 5만 원) 넘는 벌금을 내야 하고, 법정으로 갈 경우는 500파운드(한화 90만 원) 가까운 벌금을 내야 한다.

또한 영국에서는 다른 이의 자녀를 카시트 없이 차량에 태울 경우 부모가 고소할 수 있는 법률이 있다. 카시트 없이 내 아이를 차에 태워서도 안 되지만, 카시트가 모자란다고 타인의 자녀를 뒷좌석에 함부로 태워서도 안 된다. 교통사고가 날 경우 내 아이의 목숨을 구할 수 있는 건 내 품이 아니라 카시트라는 것을 한국 엄마들도 꼭 알았으면 좋겠다.

영국 엄마들이 이유식을 최대한 간단하게 만드는 까닭은?

05

아기가 태어나면 엄마들은 한동안 잠과의 전쟁을 시작한다. 모든 엄마들이 아기가 통잠을 자길 기대하며 백일의 기적을 고대한다. 이윽고 그 백일의 기적을 경험한 엄마들은 잠과의 전쟁을 마무리 짓고, 이유식과 함께 밥 먹이기 전쟁을 시작한다.

이유식의 시작은 엄마들에게는 또 다른 스트레스로 다가온다. 아기가 이유식을 잘 먹으면 다행이지만 선천적으로 잘 안 먹는다면 단 한 스푼이라도 더 먹이려고 이것저것 다양한 재료로 이유식 만들기를 시도하는 게 엄마의 마음이다. 그래서인지 주변의 한국 엄마들은 '모유나 분유만 먹일 때가 편했다. 이유식을 먹이기 시작하면 일이 또 늘어난다'고 푸념을 늘어놓는다. TV 육아 프로그램에 나오는 연예인들의 자녀는 유독 심하게 잘 먹는다며 먹는 걸로 오디션을 보고 통과해서 출연하는 게 아니냐고 농담 식으로 말하는 친구도 있었다.

영국에서는 생후 4~6개월부터 솔리드 푸드(Solid Food), 즉 고형 이유식을 시작한다. 한국과 마찬가지로 분유 수유인 경우는 생후 4개월부터, 모유 수유인 경우는 생후 6개월경부터 이유식을 시작하는 게 좋다고 한다. 한국에서는 쌀미음을 시작으로 고기, 채소, 마지막 단계로 과일을 줘서 아이가 단맛에 길들여지는 것을 미리 방지해야 한다는 것이 일반적이다. 하지만 영국에서는 단맛을 좋아하는 것은 인간의 선천적인 본능이며 이유식 순서와는 전혀 상관없다고 말한다. 그래서인지 영국 엄마들은 과일을 초기 이유식으로 많이 사용한다.

처음 아이의 이유식을 시작하려 마음을 먹고 인터넷 정보를 검색했는데, 한국식으로 이유식을 만들자니 도저히 엄두가 나지 않았다. 재료를 다지고 다듬어서 찌거나 가열하고, 육수를 내서 또 맛을 내야 하고, 정말 보기만 해도 복잡하고 숨이 막혔다.

영국 엄마들은 아기 이유식을 위해 많은 시간을 들이지 않는다. 영양가가 높으면서 간단하게 조리할 수 있는 음식을 준비한다. 그래서인지 한국 엄마들에 비해 이유식 만드는 것 자체에 스트레스를 많이 받지 않는다. 영국 엄마들이 중시하는 것은 아기한테 알레르기를 유발할 수 있는 음식인지 잘 체크하고 먹이는 것이다.

결론적으로 내가 선택한 건 한국식과 영국식의 혼합이었다. 압타밀에서 나온 쌀가루를 모유에 섞어 먹이기도 하고, 이유식 전용 포리지(Porridge)도 먹였다. 껍질을 제거해 으깬 사과를 부드럽게 가열하고 조리해서 먹이기도 했다. 그리고 한국식으로는 소고기 이유식을 자주 만들어서 먹였다. 외출 시 이유식을 준비 못 했을 때는 바나나를 으깨서 먹이거나 아보카도를 스푼으로 뜬 후 으깨서 먹이기도 했다. 아보카도는 스푼만 있으면 쉽게 먹일 수 있고, 영양가가 높아서 이유식으로 아주 좋다.

초기 이유식에 성공하면 그다음 단계로 넘어간다. 한국에서는 무조건적으로 소고기 섭취를 중시한다. 하지만 영국에서는 생선이나 가금류 고기를 먼저 먹인 후, 소고기나 돼지고기 같은 붉은 고기 섭취를 추천한다. 그래서 중기 이유식에는 닭고기나 으깬 생선을 먹이고 이때부터 탄수화물을 섭취하는 것이 좋기 때문에 파스타, 누들, 토스트, 차파티(밀가루로 만들어서 구운 인도식 빵), 렌틸콩, 쌀을 먹인다. 완숙으로 삶아서 으깬 달걀도 좋다.

흥미로운 점은 한국에서는 사과나 배 같은 과일은 껍질을 벗겨 아기에게 먹이는데, 영국에서는 깨끗하게 헹군 후 껍질 그대로 준다는 점이다. 아이가 6개월이 조금 넘었을 때, 새빨간 껍질이 그대로 붙어 있는 사과를 어린이 놀이 그룹에서 간식으로 나눠주는 걸 보고 놀랐다. 그래서 사과를 일부러 접시에서 치웠는데 주변의 또래 아기는 물론 두세 살 아이들까지 야금야금 잘 씹어 먹는 것이었다. 처음에는 그 놀이 그룹이 이상한 줄 알았는데 어린이집에서도 껍질을 벗기지 않은 배를 그대로 내고, 시누이도 아이들 간식으로 사과나 포도 껍질 그대로 주는 것이었다.

영국에서는 껍질에 영양소와 섬유질이 많기 때문에 깨끗하게 씻은 과일을 그대로 먹는 것이 오히려 좋다고 생각한다. 당연히 껍질을 벗기지 않은 과일에 대한 거부 반응이 없다. 그래서인지 영국에서 변비로 고생하는 아기나 아이들을 본 적이 없다. 한국에서는 유산균이 인기가 많아서 우유에 타 먹이고 하루에 한두 번씩 간식 대용으로 섭취하기도 한다. 하지만 영국에서는 굳이 유산균을 따로 먹이지 않는다. 과일을 껍질 그대로 먹이는 것으로 충분하다고 생각하기 때문이다.

이유식이 끝날 무렵이면 영국 엄마들은 가족들이 먹는 패밀리 푸드를 아기에게 먹이기 시작한다. 한국처럼 아기를 위해 간을 덜 한 음식을 따로 하지 않는다. 어른이 먹는 음식을 그대로 아기에게 먹일 수 있는 이유는 고춧가루, 고추장, 간장, 된장 등을 기본 양념으로 맵고 짠 한국 가정식에 비해 영국 가정식은 맛이 강하지 않고 자극적이지도 않기 때문이다. 치즈, 버터, 토마토 등으로 기본 소스를 만들고 먹기 직전 테이블에 준비된 후추나 소금으로 자신이 원하는 만큼 간을 한다. 성인이 먹는 영국 가정식도 이처럼 밋밋하기 때문에 영국에서는 생후 7~8개월부터 간이 된 음식을 먹여도 된다.

아기나 어린 자녀에게 아침에는 토스트나 오트밀에 우유를 타서 간단히 먹이고, 점심은 샌드위치를 준다. 저녁에는 긴 밤을 잘 재우기 위해 하루 세끼 중 제일 든든하게 먹이는 편이다. 한국 엄마들처럼 국과 밥에 서너 가지 반찬을 준비하는 진수성찬이 아니라 메인 요리로 치킨이나 비프, 생선 같은 고기가 들어간 파스타나 스파게티 혹은 야채를 삶아 으깬 감자와 오븐에서 조리한 고기를 섞어서 함께 준다.

영국에서 살다 보니 이처럼 간단한 아침, 점심, 그리고 저녁 식사 역시 메인 요리 하나씩 먹는 것에 익숙해졌다. 그에 비해 매끼마다 밥과 국에 서너 가지 반찬까지 준비하는 한국 엄마들은 얼마나 힘들까 하는 생각이 든다. 사실 우리 친정엄마도 그랬다. 엄마한테서는 항상 음식 냄새가 났고 주방에 계시는 시간이 많았다. 한국 음식은 대부분 육수를 내야 하고, 여러 가지 재료로 양념을 만들어 불 위에서 오래 조리한다. 계속 뒤집고 볶고,

거기다 김치나 멸치 같은 기본 밑반찬도 떨어지지 않게 준비해둬야 한다. 온종일 싱크대 앞에서 씨름하는 한국 엄마들의 모습. 사실 밥 한 끼 안 먹고 반찬 하나 줄인다고 해서 큰일이 날 것도 아닌데 말이다.

영국 엄마들의 타임아웃 훈육법이란?
06

영국인 아빠와 한국인 엄마.

우리 둘 사이에서 영어와 한국어를 모두 사용하는 첫아이가 가장 빨리 알아들은 말은 바로 "NO"였다. 아이가 "NO"라는 말을 빨리 인지할 수 있었던 이유는 남편의 영향이 컸다.

남편이 "NO"를 말한 건 첫아이가 기기 시작하면서부터였다. 아이가 계단을 오르내리려 하거나 위험한 물건을 만질 때는 어김없이 남편의 입에서 "NO"가 튀어나왔다. 처음에는 한두 번뿐이던 "NO"가 걷기 시작하면서부터 횟수가 많아지고, 더 단호해지기 시작했다. 어느 순간부터 남편이 "NO"라고 말하면 아이는 아빠 눈치를 보며 투정을 부리다가 그 행동을 멈추었다. 첫돌이 지날 무렵, 한국에 갔을 때 친정엄마는 그 모습을 보고 불만을 나타냈다.

"저 나이 때는 아기들이 저지레도 하고, 하고 싶은 대로 놀게 내버려둬야 해. 근데 애 아빠가 아이를 너무 많이 제지하는 것 같아. 말끝마다 'NO'만 외치니 아이가 기죽어서 제대로 놀 수 있겠어."

이에 대한 남편의 생각은 달랐다.

"18개월부터는 아기한테도 자아가 생겨나. 그때부터 본격적으로 떼를 쓰기 시작하지. 그 전에 안 되는 것과 되는 것을 알려줘야 해. 그러지 않으면 자기 행동이 옳은지 나쁜지 알지 못한다고. 'NO'라는 말을 인지시켜야 당신도 편안하고 올바른 훈육을 할 수 있어."

"NO"를 달고 사는 것은 남편뿐만 아니다. 영국 부모들이라면 으레 입에 달고 사는 말이다. 아이들이 많은 곳에 가면 하루 수백 번은 듣는 말 중 하나가 바로 "NO"와 "Stop, Stopping"이다.

영국에서는 아이들의 떼쓰기를 템퍼 탠트럼(Temper Tantrum)이라고 한다. 보통 두 돌이 지나면서 말이 늘고, 힘도 세지고, 고집이 강해진다. 심지어 물거나 때리는 공격적인 행동까지 보이는데, 떼쓰는 아이들은 엄마의 육아를 더욱더 힘들게 한다.

영국에서는 특별하게 떼쓰는 아이들을 보기 힘들다. 자녀가 공공장소에서 칭얼거리고 고집을 부리기 시작하면, 부모들은 하나같이 단호하게 아이의 눈을 쳐다보고 "NO"라고 말한다. 쓸데없이 떼를 쓰거나 투정을 부리면 영국 엄마들은 아이들을 제압해서 엄하게 다스리는 편이다.

유독 고집 세고, 떼가 심한 아이는 엄마가 안 된다고 하면 더 울거나 바닥에 뒹굴 수도 있다. 이럴 때일수록 엄마가 절대 흔들리면 안 된다. 엄마가 관심을 보일 경우 아이는 더욱 더 기고만장해질 수 있기 때문이다. 이럴 땐 아이가 스스로 진정할 때까지 무시한다. 공공장소인 경우 아이가 진정할 때까지 양팔을 붙잡고 힘으로 제압하기도 한다. 이런 아이들의 생떼를 방지하기 위해서는 식사 시간, 놀이 시간, 수면 시간 같은 일정한 하루 일과를 만들어주는 것이 중요하다.

이와 관련해 영국 부모들이 자녀의 가정 훈육법으로 가장 흔하게 사용하는 것이 바로 타임아웃(Time-Out)이다. 집 안에서 지켜야 할 하우스 룰(House Rule)을 깨버리거나 버릇없이 굴 때 '타임아웃'을 불러 아이들이 혼자만의 장소에서 감정을 추스르고 반성하는 시간을 갖게 하는 것이다. 보통 이때 영국 부모들은 아이를 1층 거실과 2층 침실로 올라가는 계단을 가리키며 "Go to the naughty step!"이라고 말한다. 한국에서 타임아웃 훈육 방법으로 '생각하는 의자'가 있다면 영국에서는 '생각하는 계단(Naughty Step)'이 있는 셈이다.

타임아웃 훈육법을 자녀에게 적용할 때는 무엇을 잘못했는지 분명하게 설명해야 한다. 그리고 타임아웃 시간은 자녀의 만 나이로 계산하는 게 좋다. 24개월 된 아이라면 2분, 36개월 된 아기라면 3분, 48개월이라면 4분이 적당하다. 혹시 타임아웃이 끝나지 않았는데 계단을 떠날 경우 아이를 다시 앉힌 다음 엄하고 부드러운 목소리로 타임아웃의 이유를 설명한다. 타임아웃 시간이 끝나면 자녀의 잘못에 대한 사과를 받아내고, 엄마 역시 스스로 반성한 자녀에게 고맙다고 칭찬해주는 것을 잊지 말아야 한다.

영국 엄마들은 자녀한테 항복해서 '흰 깃발'을 들지 않는다. 아이들이 아무리 떼를 쓰고 고집을 피우더라도 한번 말한 "NO"는 영원한 "NO"이다.

영국의 워킹맘이
워킹우먼보다 당당한 이유는?

07

처음 만나는 영국 엄마들에게 제일 많이 듣는 질문이 있다.
"육아 휴직 중이세요?"
영국에는 아이를 낳고 육아를 하더라도 워킹맘이 대부분이다. 2015년 발표한 영국 국가통계보고서에 따르면 영국 엄마 10명 중 9명이 워킹맘이었다. 다시 말해 10퍼센트만이 전업 엄마인 것이다.
영국에서 워킹맘이 왜 이렇게 대세인 것일까? 일하는 엄마가 90퍼센트에 육박하는 이유는 높은 집값을 포함한 살인적인 물가가 크게 작용한다. 외벌이로는 자녀가 있는 가정에서 생활을 유지하기 힘들기 때문에 맞벌이를 해야만 하는 것이 영국의 현실이다. 물론 이 같은 경제적인 이유도 한 몫하지만 여성들의 교육률이 높아지면서 엄마가 된 후라도 자신의 커리어를 지키고 싶어 하는 것 또한 크게 작용한다.
이같이 워킹맘이 대세인지라 정부에서도 워킹맘에 대한 정책적 지원을 아끼지 않는다. 일하는 여성의 경우 52주, 그러니까 1년 동안 출산 휴가를 받을 수 있는데, 이 중 39주 동안 출산 수당을 받는다. 출산 후 처음 6주간은 주급의 90퍼센트에 해당하는 금액을 받으며, 나머지 33주간은 139.58파운드(한화 20만 원가량) 혹은 주당급수 둘 중에서 낮은 금액으로 출산 수당을 받을 수 있다. 또한 24주 이상 뱃속에 있던 태아가 사망할 경우 여성의 건강 회복을 위해 출산 휴가는 물론 출산 수당까지 받을 수 있다.

영국에서는 풀타임, 정규직 여성뿐만 아니라 아르바이트나 파트타임으로 근무한 경우도 출산을 하면 출산 수당을 받는다.

이처럼 유급 출산 휴가가 법적으로 잘 정비되어 있는 영국에서는 아이를 낳고 1년간은 돈 걱정, 일 걱정 없이 육아에 집중할 수 있다. 그리고 출산 휴가가 끝나면 데이케어(daycare) 비용이 비싸기 때문에 대부분의 워킹맘은 파트타임으로 근무하거나 잠시 전업주부 생활을 하기도 한다. 그래서 자녀가 만 3세가 되면 주 15시간 무료 보육을 받을 수 있고, 만 4세가 되어 학교에 입학하면 엄마들의 사회 진출이 급격하게 늘어난다.

비싼 데이케어 비용 때문에 허덕이는 워킹맘들을 조금이나마 돕고자 영국 정부에서는 2017년부터 만 3세가 된 자녀를 둔 맞벌이 부부를 위해 15시간 무상보육을 30시간 무상보육으로 확대하고, 공립 프라이머리 스쿨의 하교 시간을 워킹맘들의 여유 있는 퇴근 시간을 위해 3시 30분에서 1~2시간 늘리기로 결정했다.

하버드비즈니스 스쿨의 연구 조사에 따르면, 일하는 엄마의 자녀일수록 성공적인 삶을 살아간다는 결과가 나왔다. 영국과 미국을 포함한 세계 24개국에서 워킹맘들의 자녀를 분석한 결과, 딸의 경우 높은 연봉과 더 좋은 커리어를 가지고 있는 걸로 나타났다. 이런 현상은 덴마크나 핀란드 같은 북유럽 국가에 비해 여성의 사회 진출 벽이 상대적으로 높은 미국, 영국에서 더 두드러졌다. 물론 워킹맘과 전업맘을 비교하려는 게 아니라 워킹맘이 자녀들의 교육에 좋은 밑거름이 될 수 있으며, 엄마들의 사회 진출을 위해 정부에서 적극 도움을 줘야 한다는 취지에서 수행한 조사이다.

영국에서는 워킹맘에게 일과 육아 모두 완벽하게 해내는 슈퍼우먼을 요구하지 않는다. 가정에서는 남편이 일하는 아내를 도와주고, 정부에서는 워킹맘이 좀 더 나은 환경에서 일할 수 있도록 정책적 혜택을 주고 있다.

한국의 워킹맘은 좋은 엄마가 되는 게 맞는지 일을 계속 하는 게 옳은지 죄책감에 시달리며 끊임없이 고민을 하는 게 일반적이다. 하나의 통과 의례처럼 출산 휴가가 끝날 즈음 육아와 복직을 두고 심각한 갈등을 겪는다. 슈퍼우먼 콤플렉스가 있는 한국 워킹맘은 두 가지 모두 병행하고 싶어 하지만 엄마 혼자 이를 감당해내기란 절대 쉽지 않은 일이다.

행복한 아이로 키우기 위해서는 엄마가 먼저 행복해야 한다. 어디에 살고 있든 세계 만국 엄마들의 공통된 관심사이다. 한국도 어서 빨리 워킹맘이 행복하게 살아갈 수 있는 나라가 되었으면 좋겠다.

영국에는 파더스 데이와 마더스 데이가 따로 있다?
08

　5월 5일 어린이날을 시작으로 5월 8일 어버이날, 5월 11일 입양의 날, 5월 21일 부부의 날까지 5월은 그야말로 '가정의 달'이다. 어릴 때는 어린이날은 물론 학교에 가지 않는 빨간 날이 많아 좋아했는데, 결혼을 하고 아이 둘을 키우는 지금은 5월이 설렘보다 가슴속에서 뭔가 뭉클해지는 달이 되어버리고 말았다.
　어버이날에 영국인들은 굉장히 들뜬 분위기다. 영국은 한국과 달리 어머니의 날과 아버지의 날이 따로 있다. 매년 3월 첫 번째 일요일은 마더스 데이이고, 6월 세 번째 일요일은 파더스 데이이다. 특히 마더스 데이에 영국 경제는 특수 중의 특수를 누린다.
　영국인이 크리스마스, 발렌타인데이에 이어 1년 중 세 번째로 카드를 많이 보내는 날이 바로 마더스 데이다. 마더스 데이가 되면 우편량뿐만 아니라 전화 통화량도 늘어나고 꽃 판매량도 평소보다 70퍼센트나 증가한다고 한다. 특히 레스토랑이 비싼 편이라 외식을 자주 하지 않는 영국인들이 큰 맘 먹고 지갑을 여는 날이기도 하다.

이에 반해 파더스 데이는 조금 잠잠한 분위기이다. 아무래도 영국 아빠들이 영국 엄마들보다 본인을 위한 날을 챙기는데 신경을 덜 쓰기 때문인 듯하다. 사실 부모님 생신을 비롯해 어머니날이 다가오면 미리부터 걱정되는 게 바로 선물이다. 도대체 어떤 선물해드려야 할지, 용돈을 드린다면 얼마를 봉투에 넣어야 할지 등등 양가 부모님을 챙기려면 금전적 부담이 상당하다.

하지만 영국 부부들은 마더스 데이, 파더스 데이 선물에 대해 조금이나 숨을 돌릴 수 있다. 영국인들이 마더스 데이나 파더스 데이에 준비하는 선물은 보통은 값비싸지 않은 것이 대부분이기 때문이다. 백화점이나 대형 슈퍼의 선물 세트를 살펴보면 '세계 최고 아빠, 세계 최고 엄마'라는 문구가 적혀 있는 찻잔 세트나 머그컵이 많다. 영국인들은 부모님을 위해 이런 찻잔이나 고급 초콜릿, 카네이션 꽃다발을 카드와 함께 정성스럽게 준비하는 게 일반적이다. 그래서인지 나 역시 결혼 후, 마더스 데이나 파더스 데이 때 시부모님 선물 때문에 고민해본 적이 없다. 마더스 데이에는 3~5만 원 사이에서 시어머니가 원하는 선물을 사드리고, 시아버지에게는 무조건 위스키를 선물로 준비한다.

우리 부부는 첫아이인 로즈가 태어나고부터는 마더스 데이와 파더스 데이에 선물을 준비하는 입장에서 받는 입장이 되었다. 작년 마더스 데이에는 로즈를 대신해 남편이 '세계 최고 엄마'라는 글이 새겨진 머그컵을 선물해주었다. 영국에서는 자녀가 어린 경우 마더스 데이, 파더스 데이를 그냥 넘기는 게 아니라 부부가 서로 챙겨주는 게 일반적이다. 한국에서는 부모가 되더라도 아이가 어린이집이나 유치원에서 색종이로 카네이션을 만들기 전까지는 대부분 어버이날을 기대할 수 없겠지만 말이다.

나는 영국에 왜 한국처럼 부부의 날이 따로 없는지 새삼 깨달았다. 영국의 마더스 데이와 파더스 데이는 자식한테 뭔가를 바라는 날이 아니라 부부의 사랑을 확인하는 부부의 날이기도 하다.

"당신이 엄마가 된 것을 축하해!"

"당신이 아빠가 된 것을 축하해!"

이렇게 마더스 데이와 파더스 데이는 1년 동안 엄마 아빠로 열심히 살아준 서로에게 감사한 마음을 전하고, 더 좋은 부모로 성장해가길 바라는 응원의 날이기도 하다.

영국에는 임신부터 출산까지 함께하는 미드와이프가 있다?
09

영국에서 가정 분만이 아닌 병원이나 조산원에서 출산할 경우 필요한 모든 것을 임산부가 준비해야 한다. 신생아 옷, 분만할 때 산모가 입을 옷, 양말, 슬리퍼는 물론 샤워할 때 필요한 세면도구, 출출할 때 먹을 수 있는 간단한 스낵류까지 직접 챙겨야 한다. 굳이 챙겨가지 않아도 되는 건 신생아 기저귀와 모유 유축기인데, 필요한 경우 병원에서 모두 제공해준다.

또한 임신 시작부터 출산까지 가장 많이 만나고, 가장 많은 대화를 하는 사람은 산부인과 전문의가 아닌 미드와이프다. 한국으로 말하자면 조산원, 산파라고 할 수 있는데, 영국에서 미드와이프가 되기 위해서는 대학에서 3년 과정의 조산학(Midwifery)을 전공해야만 한다. 미드와이프는 출산 병동이나 출산 센터에 근무하면서 출산과정 및 신생아와 산모를 담당하는 하스피털 미드와이프, GP에 근무하면서 임신 기간 동안 태아와 임산부의 건강 상태를 체크하고, 가정 분만을 하거나 병원 분만을 한 후 집으로 돌아간 신생아와 산모를 방문해 케어해주는 커뮤니티 미드와이프로 나뉜다.

미드와이프는 임신, 출산, 신생아에 대한 정확한 지식을 알고 있어야 할 뿐만 아니라, 임산부에게 정서적으로 안정감을 주어야 하기 때문에 태교부터 육아나 신후우울증까지 두루 해박해야 한다. 이렇게 미드와이프의 역할이 매우 큰 영국에서는 임신과 출산을 할 경우, 좋은 미드와이프를 만나는 게 엄청 중요하다. 미드와이프는 대부분 여성이기 때문에(남자 미드와이프의 비율은 0.33퍼센트), 임신과 출산에 대해 좀 더 편안하게 느낄 수 있다. 혹시라도 출산 시 남자 미드와이프가 담당이 될 경우 여자 미드와이프로 교체할 수 있다.

미드와이프의 역할은 출산 시에도 빛을 발한다. 그는 마치 스포츠 해설가처럼 분만의 전 과정을 세세하게 설명해주고 조언을 아끼지 않는다.

"아기의 머리카락이 보이기 시작해요."

"지금은 힘을 천천히 주세요."

"조금 많이 주세요."

이처럼 힘 조절하는 타이밍을 알려줘 산모에게 큰 도움이 된다. 그래서인지 나 또한 첫째를 출산할 때 회음부 손상만 조금 있었을 뿐이다. 그리고 3.9킬로그램의 우량아에 속했던 둘째는 회음부 손상조차 없이 낳았다.

두 아이 모두 자연분만에 성공한 나는 곧바로 가슴에 안고 모유 수유를 시작했다. 출산 후 영국에서는 엄마와 아기의 스킨 투 스킨 케어(Skin to Skin Care), 캥거루 케어(Kangaroo Care) 시간을 즉시 갖는다. 나 역시 출산 후 미드와이프의 도움을 받아 캥거루 케어를 시작했다. 텔레비전에서 신생아가 태어나면 "응애~ 응애~" 하며 크게 울던 모습과 달리, 내 품에 안겨 코를

쿵쿵거리며 본능에 가깝게 젖을 찾아 빨던 아기 모습이 지금도 생생하다.

캥거루 케어를 하는 동안 내 옆을 지켜준 사람 역시 미드와이프였다. 미드와이프는 출산 뒷정리를 해주고, 나의 에너지를 보충해주기 위해 샌드위치, 신선한 과일, 요구르트, 주스 등을 간단한 스낵으로 가져다주었다. 친정엄마도 없이 낯선 땅에서 아기를 낳은 내게 미드와이프는 그 누구보다도 든든한 아군이었다.

영국 아이들이 만 3세부터 너서리 스쿨을 가는 이유는?

10

영국에서는 대부분 아이를 36개월까지 어린이집에 보내지 않고, 엄마가 집에서 양육하는 것을 선호한다. 한국처럼 36개월 애착 관계 이론(36개월까지는 엄마와의 애착 관계가 제일 중요하기 때문에 어떤 기관에도 보내지 않고, 집에서 양육하는 것이 좋다는 이론)을 절대적으로 믿고 안 보내는 것이 아니다. 아마도 어린이집 비용이 비싼 게 가장 큰 이유일 것이다.

인건비가 비싼 영국에서는 사람의 손을 빌리는 인적 서비스를 받으려면 그 가격이 상당하다. 어린이집도 그중 하나인데, 지역마다 조금씩 차이가 있지만 1시간에 평균 5~7파운드(약 1만 원) 정도이다. 하루 5시간씩 한 달을 보내면 100만 원이 훌쩍 넘고, 풀타임으로 보낼 경우에는 200~300만 원에 이르는 엄청난 돈이 든다.

영국인들의 평균 연봉은 2만 6000파운드(약 5000만 원)인데 세금이 높아 이것저것 다 떼다 보면 실수령액은 훨씬 적다. 그래서 일반 가정에서 무료 교육을 시작하는 36개월 이전에 어린이집에 보내는 것은 정말 사치일 수 있다.

우리 집만 하더라도 첫아이가 생후 10개월부터 일주일에 두세 번씩 파트타임으로 어린이집을 가기 시작했다. 하루 5시간에 비용은 5만 원, 맞벌이 부부는 그나마 여유가 있겠지만 우리 집처럼 외벌이 가정에서는 매우 큰 지출이다. 베이비시터를 풀타임으로 고용할 경우는 일주일에 평균 300~500파운드(약 50~80만 원)가 든다. 런던 부촌의 경우는 1000파운드(약 180만 원)를 거뜬하게 넘는다. 베이비시터를 고용할 때는 하루 10~12시간씩 주 5일 근무를 기본으로 주말에 하루, 평일에 하루 쉴 수 있는 근로계약서를 작성한 뒤 정부에 신청을 해야 한다.

이처럼 어린이집이나 베이비시터는 웬만한 가정에서 큰 부담이기 때문에 차선책으로 인기를 끄는 것이 바로 오페어(au pair)다. 오페어는 외국에서 유학 온 학생에게 무료로 방을 제공하고 집안살림이나 육아를 맡기는 것을 말한다. 주당 25시간 정도 근무에 평균 70~85파운드(약 12~15만 원)의 비용이 든다. 오페어의 단점은 대부분 어린 학생이라 영유아를 맡기기 불안하고 한 집에서 낯선 누군가와 살아야 하는 불편함이 있는 것이다.

그래서 영국에서는 서민층은 물론 중산층 부부까지 부부 중 한 명이 직장을 그만두거나 휴직을 하고, 자녀가 무료 교육을 받을 수 있는 만 3세까지 집에서 육아를 전담하는 게 일반적이다. 의사, 변호사 같은 전문직을 가진 고소득 여성들조차 파트타임으로 어린이집에 보내거나 조부모의 도움을 받는 것이 흔하다.

그래서인지 거리나 공원에서 조부모가 아이들을 데리고 다니는 모습을 자주 볼 수 있다. 내 딸아이가 다니는 어린이집에도 아빠나 엄마가 아닌 조부모와 같이 오는 아이가 더러 있다. 부모 대신 조부모가 손주들을 양육하는 황혼 육아가 한국뿐 아니라 영국에서도 요즘 흔히 볼 수 있는 사회 현상인 것이다. 그래도 아이를 봐줄 조부모가 있다면 그나마 다행이다. 조부모마저도 없으면 육아 해결책이 좀처럼 없기 때문이다.

그래서 영국 엄마들은 자녀가 너서리 스쿨(Nursery School)에 가는 만 3세가 되기만을 애타게 기다린다. 너서리 스쿨은 1900년 맥밀런 자매가 런던에 설립한 것이 시초이다. 주요 대상은 빈곤 계층의 유아들이었다. 영국은 1918년 이를 공교육 제도로 채택했다.

당시에는 너서리 스쿨이 빠르게 보급되지 못했으나 유아 교육계에 미친 영향은 매우 컸다. 특히 1920년을 전후해 미국에서 크게 발전했다. 영국에서는 이후 1944년 발표한 교육법에서 이를 초등학교 단계의 일부로 운영하도록 했고, 2~5세 어린이를 위해 보육 학교 또는 보육 학급을 설치하고 유지하는 것을 지방 교육 당국의 의무로 규정했다.

<u>너서리 스쿨은 한국으로 치면 유치원이나 어린이집에 해당하는 취학 준비 단계인데, 만 3세 생일을 기점으로 일주일 15시간의 무상교육을 받을 수 있다. 이 무상교육은 2017년부터 주 15시간에서 30시간으로 확대되는데, 2016년 9월부터는 영국 잉글랜드 일부 지역에서 시범 운영할 예정이라고 한다.</u>

부모의 소득이나 여건에 상관없이 만 3~4세 아동에게 제공하던 15시간 무상교육에 비해 30시간 무상교육은 부모 모두 주당 16시간 이상 근무하는 맞벌이여야 하고, 부부의 총 합계 연봉이 10만 파운드(1억 8천만 원 정도)

이하인 가정에서만 신청이 가능하다. 이 무상교육 확대로 30만 명 정도가 혜택을 보고, 맞벌이 부부의 고민이었던 보육 문제를 어느 정도 해소할 수 있을 것으로 전망되고 있다. 이런 까닭에 영국 엄마들은 아이가 만 3세가 되면 너서리 스쿨에 보내기 위해 총력전을 펼친다.

영국은 산전 검사부터
출산 비용까지 모두 무료다?

11

영국 남자와 만나 결혼하고 첫아이를 임신했다는 걸 알았을 때 기억이 아직도 생생하다. 한 아이의 엄마가 된다는 게 기쁘면서도 책임감이 들었다. 생각이 복잡해졌다. 그리고 그때부터 끝없는 고민이 시작되었다. 내 고민의 정점은 아기를 어느 나라에서 출산하느냐였다. 친정엄마가 있는 한국에서 낳는 것이 좋긴 하지만, 그러면 남편과 떨어져 있어야 하는 상황이었기에 결정을 내리는 게 쉽지 않았다. 그날부터 인터넷으로 각종 정보를 수집하고, 두 나라의 육아 정책과 혜택을 비교하기 시작했다.

결국 내 선택은 영국에서 출산하는 것이었다. 영국에는 국가 보건 의료 서비스가 있기 때문에 산전 검사는 물론 출산 비용까지 모두 무료라는 점이 매력적이었다. 보통 임신 기간 동안 두 번의 초음파 검사와 혈압 검사, 피 검사, 소변 검사, 기형아 검사, 임신성 당뇨 같은 임신부와 태아를 위해 필수적인 산전 검사가 이루어진다.

임산부들은 출산이 가까워지면 본인이 원하는 분만 방식뿐만 아니라 장소까지 선택할 수 있다. 보통 세 가지 출산 방식이 있다. 첫 번째가 일반 병원에서 미드와이프 및 의사와 함께 출산하는 병원 분만(Hospital Birth)이다.

94퍼센트 가까운 산모가 이 분만법을 선택하는데, 전문적인 장비와 의사들이 있는 병원에서 출산하기 때문에 분만 시 위험한 상황이 발생할 경우 의료 서비스를 신속하게 받을 수 있다는 큰 장점이 있다. 산소와 이산화질소 혼합물을 마스크로 들이마셔 진통을 줄여주는 가스 앤드 에어(Gas & Air)를 비롯해 모르핀의 일종인 페티딘(Pethidine) 같은 진통제뿐만 아니라 마취 전문의로부터 에피듀럴(Epidural, 무통 주사)까지 맞을 수 있다.

병원 분만이라고 해서 한국처럼 의사를 비롯한 의료진이 적극적으로 개입하는 형태는 아니다. 무통 주사가 필요할 때나 제왕절개를 할 때 전문의가 개입하는 형태이다. 응급 상황이 생기지 않을 경우에는 보통 미드와이프의 도움 아래 출산을 한다. 그리고 한국 대학병원에서는 출산 시 학생들이 참관하는 경우가 있어서 출산에 대해 치욕적인 기억을 갖고 있는 산모도 있는데, 영국에서 이런 일은 절대 있을 수 없다.

두 번째로 조산원 분만(Birth Centre)은 병원보다 좀 더 내 집같이 편안하고 안정된 분위기에서 의료 개입을 원치 않는 자연주의 분만을 원하는 산모들이 선호한다. 무통 주사는 없고, 그 전 단계인 가스 앤드 에어, 모르핀 정도의 진통제 도움을 받을 수 있다. 모든 산모가 조산원에서 출산을 할 수 있는 건 아니다. 산전 검사에서 이상이 없다는 판정을 받은 건강한 산모만 조산원에 신청서를 제출해 출산 지원을 받을 수 있다. 출산 시 혹시라도 응급 상황이 발생할 경우에는 곧바로 병원으로 이송하는 시스템을 갖추고 있다.

마지막으로, 가정 분만(Home Birth)은 미드와이프가 집으로 직접 방문해서 출산을 돕는 형태이다. 영국 NHS에서는 고위험 산모가 아닌 이상 비용 차원에서 효율적인 가정 분만을 적극적으로 추천한다. 영국에서는 2004~2011년 병원 출산 도중 병원균이나 바이러스 접촉으로 사망한 신생아가 30명 정도에 이르는 것으로 알려졌는데, 가정 분만을 하게 되면 병원 내에서 돌아다니는 바이러스에 노출될 확률이 없기 때문에 오히려 더 건강한 아기를 낳을 수 있다는 게 영국 NHS의 주장이다. 영국에서는 평균 2~3퍼센트 정도의 산모가 가정 분만을 선택한다. 특히 초산보다는 둘째 이상부터 가정 분만을 하는 임산부가 많다. 출산 시 큰애를 맡길 데가 없어 고민인 부부들이 적지 않기 때문이다.

가정 분만 시 직접 준비해야 하는 진통 완화제가 바로 텐스 머신(TENS Machines)이다. 텐스 머신은 전기 신경 자극제로 진통이 시작될 때 허리에 부착해 저주파로 자극을 줘서 진통을 완화시킨다. 직접 구입하거나 마더스 케어에서 대여할 수 있다.

영국은 이처럼 산전부터 출산 비용까지 무료이거나 저비용인 경우가 많다. 한국에서처럼 산모와 아이를 위해 각종 검사를 받을 수는 없지만 두 아이를 출산하면서 불편한 점은 전혀 느끼지 못했다. 세계 최고 수준의 의료보험 시스템을 가지고 있는 한국도 갈수록 좋아지고는 있지만, 산모와 아기들을 위한 투자를 더 많이 했으면 하는 바람이다.

영국 엄마들은 미역국 대신 아기 태반을 먹는다?

12

2015년 영국 왕세손비 케이트 미들턴(Kate Middleton)이 3.71킬로그램 공주를 출산한 지 불과 10시간 만에 언론 앞에 당당하게 나타났다. 당시 화사한 노란 꽃무늬 원피스와 하이힐을 신은 눈부시게 아름다운 모습이 영국에서 큰 화제가 되었다. 언론에서는 왕세손비의 미용을 전담하는 '팀 케이트(Team Kate)'가 출산을 끝낸 그녀를 위해 병원으로 찾아가 염색부터 메이크업, 네일까지 아름다운 엄마의 모습으로 완벽하게 변신시키는 데 성공했다며 칭찬을 아끼지 않았다. 그런데 한국 언론에서는 그녀의 아름다운 모습보다는 '총알 퇴원'에 대한 말이 많았다.

"영국 여자는 산후 조리도 안 하나?"

"케이트 미들턴은 늙어서 분명히 산후풍으로 고생할 거야."

"저게 다 화장빨이라니까."

인터넷 댓글에는 그녀의 산후 조리를 걱정하는 내용이 대다수였다. 사실 영국 왕실의 세자빈 정도면 몇 천만 원짜리 산후조리원에 가지 않더라도 1년 내내, 아니 평생 전용 요리사, 전용 청소부, 전용 비서, 데이 & 나이트 전담 내니(Nanny)까지 있으니 출산 후 곧바로 집으로 가더라도 충분한 몸조리를 할 수 있다. 스스로 산후 조리를 하지 않아도 잘 갖추어진 시스템 아래서 여유로운 산후 조리를 할 수 있다는 얘기다.

그럼 일반 영국 엄마들은 출산 후 어떤 생활을 할까?

나 역시 출산을 앞두고 제일 궁금했던 게 바로 영국 엄마들의 산후 조리 방법이었다. 영국에서는 출산을 하게 되면 산모와 아이한테 큰 이상이 없는 한 반나절 안에 곧바로 퇴원한다. 그래서인지 영국에는 산후조리원이란 게 없다. 하지만 산후조리원에 가지 않을 뿐이지, 영국 여자들도 출산후 몸을 회복하기까지 영양가 있는 음식을 섭취하며 충분한 휴식을 취한다. 남편이 출산 휴가를 보통 2주 받기 때문에 그동안 신생아 케어부터 집안 청소, 요리까지 전담한다. 가까이에 친정어머니나 시어머니가 살 경우에는 양가 부모님의 도움도 꽤 많이 받는 편이다.

영국에서는 산모를 위해 미드와이프는 물론 헬스 비지터(Health Visitor)라고 부르는 간호사가 직접 집으로 방문을 한다. 이들은 산모와 아기의 건강 상태를 포함해 모유 수유, 산후우울증까지 체크해준다.

한국 산모들은 출산 후 모유가 잘 돌아야 한다며 보양식을 많이 먹는다. 하지만 대부분의 보양식이 고열량 음식이다 보니 살이 더 찌고, 산모를 위한 산후 다이어트까지 유행하는 형편이다. 이에 비해 영국 산모들은 몸매 관리보다 휴식을 최고로 중요시하기 때문에 다이어트에 대한 강박관념도 없다. 그래서 산후 1년 정도 후에 운동을 시작하는 게 보통이다.

한국의 엄마들이 모유 수유를 힘들어하는 이유 중 하나가 바로 먹고 싶은 음식을 참아야 하는 고통이다. 한국 산모에게는 금기하는 음식이 많다. 그에 비해 영국 엄마들은 임신 중에는 물론, 모유 수유를 하더라도 음식을 자유롭게 먹는 편이다.

영국은 '차의 나라'라고 불릴 만큼 다양한 차가 있다. 그중 영국 여성들이 임신 말기인 35주쯤부터 출산 이후까지 즐겨 마시는 허브차가 있다. 바로 칼슘과 미네랄이 풍부한 라즈베리 티(Raspberry Tea)이다. 이 허브차는 출산 전에는 자궁과 골반 근육을 강화해 출산을 도와줄 뿐 아니라 아기를 낳은 후에는 자궁 근육을 수축시켜주는 효과가 있어 산후 조리에 좋다. 나 역시 두 아이를 임신했을 때 하루 한두 잔씩 마시기 시작했는데 떨떠름한 감잎차 맛이라 솔직히 내 입맛에는 맞지 않았다.

첫아이를 출산한 후 내가 먼저 간 곳은 시댁이었다. 열흘 동안 그곳에 머물며 신생아 케어나 산후 조리 도움을 받기로 한 것이다. 시댁에 머무는 동안 시어머니가 하루 세 끼를 다 준비해주었다.

"영양가 많은 고기를 먹어야 에너지 보충이 된단다."

시어머니는 끼니 때마다 소고기, 닭고기와 함께 당근, 감자 등을 냄비에 넣고 오븐에서 요리하는 영국식 찜요리 캐서롤(Casserole)를 챙겨주었다.

3주간 출산 휴가를 받은 남편 제임스 역시 밤낮으로 신생아 돌보는 데 큰 도움을 주었다. 기저귀 가는 건 물론이고 목욕부터 모유 수유까지 내가 잠을 못 자고 있으면 옆에서 같이 뜬눈으로 밤을 지새우기도 했다.

그 시절 가장 고마웠던 건 바로 남편이 손수 끓여준 미역국이었다. 출산 전에 내가 가르쳐준 방식대로 남편은 미역국을 직접 만들어 하루 몇 차례씩 내 앞으로 가져왔다. 그럴 때마다 뭉클하고 감동한 것은 물론이다.

한국에서 미역국이 산모 음식이라면, 영국에서는 단연 태반이 그 자리를 차지한다. 극소수이긴 하지만 영국에서는 태반을 먹는 엄마를 어렵지 않게 볼 수 있다. 이 때문인지 영국에서는 출산을 할 때 '태반 유착을 막기 위한 예방주사를 맞을 것'인지 물어본다. 또한 태반을 챙겨 가져갈 것인지 여부도 미드와이프가 확인한다.

나 역시 출산을 끝내자마자 미드와이프의 질문을 받았다. 물론 난 '아니'라고 대답했지만 영국에서는 지난 5년 동안 4000여 명의 산모가 에너지 보충을 위해서 태반을 집으로 챙겨갔다고 한다.

태반은 보통 오븐으로 쪄 먹기도 하고 오븐에서 찐 태반을 믹서로 갈아 먹기도 한다. 처음엔 태반을 먹는다는 영국 산모 이야기를 듣고 너무 놀랐다. 하지만 태반이 영양가가 높아서 산모의 회복력에도 뛰어날 뿐만 아니라, 산후우울증 예방은 물론 모유를 많이 돌게 하는 데 도움을 준다는 이야기를 듣고 고개를 끄덕였던 기억이 있다.

상황이 이렇다 보니 영국에서는 태반 복용을 선호하는 유명인의 커밍아웃과 캠페인이 줄을 잇는다. 2016년 셋째 아들을 출산한 맨체스터 유나이티드 소속의 축구 선수 웨인 루니의 와이프 콜린 루니도 그중 한 사람이다. 그녀는 태반으로 캡슐을 만들어 복용 중이라며 자신의 트위터에 태반 캡슐 인증 샷과 다음과 같은 글을 남겨 화제가 되었다.

"태반 복용은 상술도 아니고, 역겨운 것도 아니에요. 산모들의 우울증과 피로 해소에 큰 도움을 줘요."

이런 사회 분위기 때문에 영국에서는 좀 더 많은 산모가 태반을 쉽게 복용하도록 사설 태반 센터까지 운영하고 있다. 병원에서 태반을 신선하게 보관하고 운반하는 방법을 설명해주는 것은 물론 태반 크림부터 시작해 태반 캡슐까지 주문하고 제작해준다. 가격은 대략 40~200파운드(약 7~36만 원 사이) 정도이다.

이렇게 사설 태반 센터까지 있지만, 대부분의 영국 산모는 태반에 대해 여전히 거리낌을 갖고 있다. 그래서 대부분의 산모는 출산 후 신선한 과일과 육류, 충분한 수분 섭취로 에너지를 보충하면서 몸조리를 한다. 그리고 빠른 오로 배출을 위해 가볍게 걷기와 하루 한 번씩은 신선한 바깥 공기를 쐬면서 기분 전환하는 것을 추천한다.

위에서 살펴본 바와 같이 영국의 산후 몸조리 방법은 한국과 다르지만 두 나라 모두 장단점이 있다. 하지만 무엇보다 중요한 것은 두 나라 모두 출산 후 산모의 건강과 회복력을 최우선시한다는 점이다.

영국 엄마들의
모유 수유 투쟁기

13

2016년 유럽에서는 엄마들의 모유 수유 권리를 찾기 위한 새로운 바람이 불고 있다. 과거에는 스타들이 만삭의 모습으로 잡지 표지에 등장했다면, 최근 몇 년 동안은 브렐피(Brelfie)가 대세이다. 브렐피는 모유 수유(Breastfeeding)와 셀카(Selfie)를 합친 합성어로 스타나 유명인사들이 모유 수유하는 모습을 자신의 SNS에 당당하게 올리는 것을 말한다. 대표적인 스타가 세계적인 모델 지젤 번천과 미란다 커이다. 그녀들은 모유 수유하는 모습을 자신의 트위터와 인스타그램에 올려 많은 화제를 몰고 왔다.

영국에서도 브렐피의 시작을 알린 유명인사가 있다. 바로 F1 회장 버니 에클레스톤의 딸 타마라 에클레스톤(Tamara Ecclestone)이 그 주인공이다. 방송 진행자이자 모델로도 활동했던 그녀는 자산이 무려 15조 원에 이르는 상속녀이기도 하다.

그녀는 2015년 수영장에서 비키니를 입은 채 딸 소피아에게 모유 수유하는 사진을 SNS에 올렸다. 영국을 비롯한 전 세계에서 난리가 났다. 하지만 이 사진 한 장으로 그녀는 일약 뉴스메이커가 되었다. 영국 아침 토크쇼에 출연한 그녀는 이렇게 말했다.

"내 모유 수유 사진이 이렇게 큰 논란거리가 될 거라고는 상상도 하지 못했어요. 만약 내가 아기한테 모유 수유가 아니라 젖병 물리는 사진을 올렸더라면 대중이 이렇게 뜨거운 반응을 보였을까요? 모유 수유는 모든 엄마에게 더없이 행복한 일입니다. 또한 세상에서 가장 아름다운 모습이기도 합니다."

그녀 덕분인지 최근 영국 엄마들 사이에서는 브렐피가 대유행이다. 상황이 이렇게 되자 페이스북에서는 가슴을 노출한다는 이유로 누드로 정의했던 브렐피에 대한 제한 규정을 풀었다. 또한 브렐피에 대해서는 더 이상 검열하거나 삭제하지 않겠다는 공식 입장을 밝히기도 했다.

이뿐만 아니라 공공장소에서 모유 수유 캠페인을 장려하는 운동인 랙티비즘(Lactivism, lactation+activism)이 큰 호응을 얻고 있으며, 그들을 지지하는 랙티비스트(Lactivist)라는 신조어가 생겨나기도 했다.

이들 랙티비스트의 적극적인 활동은 근래 들어 눈에 띌 정도로 활발해졌다. 2015년 맨체스터에서는 엄마들의 모유 수유 사진을 모아 달력으로 제작해 모금 활동을 하기도 했다. 이 달력은 맨체스터에서 가장 유명한 장소에서 촬영해 공공장소 모유 수유에 대한 긍정적인 인식을 불러일으키는 데 성공했다.

2016년에는 프란치스코 교황이 직접 나서 "성당 안에서의 세례식은 물론, 미사 도중이라도 아기가 배고파서 울면 망설임 없이 모유 수유를 하라"며 랙티비즘을 지지했다. 영국이 배출한 세계적인 스타 셰프 제이미 올리버 또한 랙티비즘 캠페인에 앞장서고 있다. 그는 최근 한 언론과의 인터뷰에서 이렇게 말했다.

"영국 엄마들이 언제 어디서나 모유 수유를 당당하게 할 수 있도록 우리가 앞장서야 합니다. 저는 영국에서 더는 공공장소 모유 수유에 대한 논란이 없도록 최선의 노력을 할 것입니다."

2016년 초에는 유튜브에서 활동하는 영국 여성 퀸(Quinn)이 공공장소의 모유 수유에 대한 사람들의 인식을 알아보기 위해 친구 로지(Rosie)와 함께 한 가지 실험을 했다. 퀸은 런던 중심가에서 가슴골이 훤히 드러나는 민소매를 입고 브래지어까지 보이는 상황을 연출했다. 그리고 로지는 아기 인형을 안고 수유 가리개를 하지 않은 채 모유 수유를 하는 상황을 연출했다. 그런 다음 둘은 사람들의 반응을 살펴봤다.

야한 옷차림의 가슴 노출과 모유 수유를 위한 가슴 노출. 과연 영국인들은 어떤 반응을 보였을까? 몇몇 남성이 노출된 의상에 잠시 눈길을 주었을 뿐, 대다수 런던 시민은 길거리 모유 수유를 대수롭지 않게 여겼다. 그 후 이어진 길거리 인터뷰에서 시민들은 공공장소 모유 수유에 대해 찬성한다는 쪽으로 의견이 기울었다.

<u>아기가 엄마의 젖을 빠는 것은 아주 자연스러운 일이다. 배고픈 아기가 취하는 인간의 본능이기도 하다. 그런데 이런 행위를 모유 수유실이라는 제한된 공간에서 하거나 그마저 없어 화장실, 자동차 안 혹은 벽을 향해 해야만 하는 것일까? 가슴을 드러내고 아기에게 젖을 먹이는 엄마의 행동은 성(性)적인 것이 아니라 성(聖)스러운 행위이다.</u>

2015년 영국 공중보건국(PHE)에서 '영국인들의 모유 수유'에 대한 인식 조사를 발표했다. 모유 수유 중인 엄마 중 60퍼센트가 공공장소에서 모유 수유를 할 때 모유 수유실을 이용하거나 수유 가리개로 최대한 가슴을 가리며, 30퍼센트는 공공장소에서 모유 수유하는 것 자체가 불편하다고 밝혔다. 또한 20퍼센트의 엄마가 사람들이 공공장소에서 모유 수유하는 장면을 보기 거북해한다고 생각했으며, 10퍼센트는 이런 불편한 분위기 속에서 불안한 마음으로 모유 수유를 하고 싶지는 않다고 대답했다.

영국에서 공공장소의 모유 수유실 설치는 필수이다. 하지만 모유 수유실에 기저귀 교환대나 영유아 화장실이 함께 있는 곳이 많기 때문에, 모유 수유하는 엄마들은 좀 더 편안하고 안락한 장소에서 모유 수유를 하길 원한다.

영국에서는 지난 2010년부터 공공장소에서 모유 수유하는 엄마들의 권리를 위해 공원, 휴양 시설, 공공 시설은 물론 병원, 극장 혹은 비행기, 기차, 버스 같은 대중교통에서도 모유 수유를 할 수 있도록 법을 제정했다. 이는 공공장소에서 모유 수유를 한다는 이유로 엄마들이 시설 이용이나 서비스 이용 시 차별하지 못하도록 한 보호법이다.

최근에는 여성 하원들이 좀 더 자유로운 여성의 의회 진출을 위해 의사당 내 모유 수유를 허용해야 한다는 법을 추진 중이기도 하다. 사실 공공장소 모유 수유를 합법화하더라도 사회 분위기가 제대로 형성되어 있지 않으면 그 법이 제대로 작용할 수 없다.

나는 첫아이를 생후 11개월 반까지 모유 수유로 키웠고, 둘째 역시 모유 수유를 했다. 아직 유축을 하거나 젖병을 사용해본 적은 없다. 내가 만약 영국이 아닌 한국에서 두 아이를 키웠다면 이렇게 오랫동안 모유 수유를 할 수 있을지 지금 이 글을 쓰면서 문득 이런 생각을 해본다.

아이들이 당신 말을 잘 듣지 않는다고 걱정하지 마십시오.
아이들이 항상 당신을 주시하고 있다는 것을 걱정하십시오.

-로버트 풀검(Robert Fulghum)

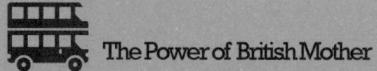

2부
지혜로운 영국 엄마들의 특별한 자녀교육법

......

영국 아이들에게는 어릴 적부터 배우는 공통적인 매직 워드가 있다. "Please"를 비롯해 "Thank you"나 "Sorry"가 대표적이다. 옹알이를 할 때부터 매직 워드를 배워서인지 아기들은 작은 일에도 무조건 "쌩큐"라고 말하고, 서너 살만 되도 "You're welcome"이나 "Excuse me"를 입에 붙이고 산다.

영국 엄마에게는
미 타임이라는 게 있다

14

　얼마 전 한국 시간으로 밤 11시가 넘었을 무렵 친구에게 연락을 했다. 그런데 친구는 요리 중이어서 바쁘다며 내일 다시 연락을 하겠다고 했다. 그래서 이렇게 늦은 시간에 무슨 요리를 하느냐고 물었더니 내일 아이와 함께 소풍 가서 먹을 음식을 준비한다고 했다. 늦은 밤 재료를 미리 준비해 놓고 아침에 김밥을 말 계획이었던 것이다.

　밤 11시가 넘은 늦은 시간까지 주방을 떠나고 있지 않은 친구가 마냥 놀랍기만 했다. 밤 11시면 영국 엄마들은 잠을 자거나 휴식을 즐길 시간이다. 가족을 위해 요리를 하거나 집안일을 한다는 것은 상상조차 할 수 없다.

　한국 엄마들은 확실히 주방에서 보내는 시간이 많다. 가족의 아침 준비부터 시작해 점심, 저녁 식사까지 준비해야 한다. 남편의 퇴근이 늦어지면 출출한 남편을 위해 야식도 척척 만들어내야 한다. 물론 그 뒷정리까지 모든 책임은 아내 몫인 경우가 많다.

영국 엄마들이 한국 엄마를 가장 이해 못 하는 것 중 하나가 남편의 아침밥을 챙겨준다는 말이다. 이건 전업맘이든 워킹맘이든 모두 같은 생각이다. 아침 시간은 누구에게나 바쁘기 때문에 남편만을 위해 아침밥을 챙겨준다는 한국적인 정서를 이해하지 못한다. 올해 환갑이 넘은 시아버지 역시 베이컨 토스트를 먹는 매주 일요일 아침을 제외하고는 30년 넘는 결혼 생활 내내 시리얼이나 토스트로 혼자서 아침 식사를 해결한다.

영국인은 아침 식사로 간단하게 시리얼이나 토스트를 먹는다. 점심은 샌드위치, 저녁은 주 메뉴를 오븐으로 요리한다. 영국 엄마들은 저녁을 마치면 식기세척기로 설거지를 하고, 세탁기로 빨래를 한다. 아이들은 7~8시에 재운다. 이때쯤이면 집안일이 모두 끝난다.

<u>영국 엄마들은 그 이후부터 온전히 자신만의 미 타임(Me Time)을 갖는다. 침대에 누워 온라인 쇼핑을 하고, 좋아하는 TV 프로그램을 시청하기도 한다. 또 운동이나 독서, 퀼트 같은 취미 생활을 하며 온전한 자신만의 시간을 즐긴다. 이런 미 타임은 지친 하루를 보낸 엄마에게 자신을 돌아보는 시간이며, 심신을 위로할 수 있는 진정한 힐링 시간이다.</u>

그래서인지 영국에는 엄마들의 미 타임을 겨냥한 취미 생활 잡지가 많다. 한국의 주부 대상 여성 잡지는 대부분 연예인 가십이나 육아에 대한 내용으로 가득한데, 영국에는 집에서 엄마들이 틈틈이 할 수 있는 취미 생활을 위한 잡지가 많다. 요리, 퀼트, 공예, 건강 등 다양한데 요즘은 색칠공부 잡지가 유행 중이다.

엄마가 미 타임을 보낼 동안 남편이 육아와 집안일을 책임지는 건 당연하다. 한국 엄마들은 늦게까지 일하는 남편이 안쓰러워 퇴근 후 푹 쉴 수 있도록 육아와 살림을 혼자서 감당하는 경우가 많다. 하지만 영국에서는 육아와 집안일을 책임지는 아내를 위해 퇴근하고 집으로 돌아온 남편이 아내의 몫까지 해낸다.

가끔 이런 영국 엄마들을 보면 이기적이라는 생각도 든다. 하지만 자신만의 시간을 보내는 영국 엄마들은 육아 만족도나 결혼 만족도가 높고 행복해한다. 한국에서 전업주부는 남편과 아이를 챙겨야 하고, 워킹맘은 일과 육아를 동시에 잘해야 한다는 중압감에 시달린다.

분명 엄마에게도 에너지 재충전을 위한 육아 퇴근 시간이 필요하다. 한국 엄마들도 남편과 아이로부터 조금 더 자유로워져서 온전히 나만을 위한 미 타임을 가졌으면 좋겠다.

신생아부터 혹독한 생존수영을 가르치는 영국 엄마

15

 첫아이가 100일 무렵 수영을 시작했다. 한국에 계신 친정엄마에게 별 생각 없이 그 말씀드렸더니 난리가 났다.
 "아직 돌도 안 된 아기한테 어떻게 수영을 시키니?"
 영국에서는 생후 7주부터 영아를 대상으로 한 수영 수업이 가능하다. 요즘은 한국에서도 아기 수영이 유행이라 어릴 때부터 수영을 시키는 엄마들을 종종 볼 수 있다. 하지만 한국과 영국의 아기 수영에는 분명한 차이점이 있다. 한국에서는 아기 전용 풀에 목 튜브를 하고 아기 혼자 들어간다. 그에 반해 영국에서는 아무런 보조 기구 없이 엄마와 함께 일반 수영장에서 수업을 한다. 또 아기가 수면 위에서 그냥 둥둥 떠다니며 물장구를 치는 수준이 아니라, 수면 아래로 잠수를 한다. 여기서 수면 아래라는 말에 대부분의 한국 엄마는 우리 친정엄마처럼 놀랄 것이다.
 영국에서의 아기 수영 과정은 전문 트레이너와 함께 진행하기 때문에 매우 안전하다. 아기가 수영을 시작하는 초기에는 1초 정도의 짧은 잠수부터 시작한다. 6개월쯤 지나면 3~4초 정도로 잠수 시간이 늘어난다. 1년쯤 지나면 물속에서 엄마가 손을 떼더라도 아기 혼자 스스로 발차기를 해서 수면 위로 올라오는 수준까지 도달한다. 내 조카 미아는 생후 5개월부터 수영을 배우기 시작했는데, 네 살인 지금은 잠수를 해서 1미터 깊이의 수영장 바닥에 있는 장난감을 집어올 정도가 되었다.

엄마의 양수 속을 기억하는 신생아는 물놀이를 편안하게 받아들이기 때문에, 물에 대한 두려움 없이 수영법과 호흡법을 자연스럽게 익힐 수 있다. 수영은 심장이나 폐 같은 신체 발달뿐만 아이라 두뇌 발달에도 좋은 놀이 중 하나이다. 또 엄마가 함께 물속에 들어가는 영국식 수영법은 수업 시간 내내 자연스럽게 스킨 투 스킨(Skin to Skin)을 할 수 있기 때문에 아기와의 정서 교감은 물론 유대감 형성에 효과적이다.

영국식 아기 수영의 또 다른 장점은 목욕 시간이 한결 수월해진다는 것이다. 특히 엄마 혼자 감당하기 어려운 머리 긴 여자아이의 경우에 큰 도움이 된다. 눈이나 귀, 코에 물이 들어갈까 봐 노심초사하지 않아도 되고 아이를 안은 채 손목으로 머리를 지지하거나 샴푸 캡 또는 수영 귀마개를 동원하지 않아도 된다. 수영 습관이 몸에 밴 아기가 엄마의 지시에 따라 잠수를 몇 번 하고 나면 깨끗하고 깔끔하게 목욕이 끝나기 때문이다.

첫아이 로즈가 수영을 시작하고 얼마 지나지 않았을 때 내 블로그에 아기 수영에 관한 포스팅을 했다. 포스팅 이후 또래 아기를 키우는 엄마들에게서 댓글이나 쪽지로 많은 질문이 쏟아졌다. 한국에서는 아무리 찾아봐도 영국식 수영을 하는 곳이 없다고, 혹시 정보를 알 수 있을까 하는 얘기가 대부분이었다. 조금이나마 도움을 주고 싶은 마음에 '영국식 아기 수영' 수업에 대해 설명했는데, 다시 돌아온 답변은 일반 수영장에 문의했더니 돌도 안 된 아기를 데리고 오는 것은 위험해서 안 된다는 것이었다.

한국에서 아기 수영을 선호하지 않는 이유 중 하나는 귓속에 물이 들어가 중이염에 걸릴지 않을까 하는 우려 때문이다. 하지만 귀의 구조는 외이, 중이, 내이로 나누어져 있고, 제일 바깥쪽 외이와 중간에 위치한 중이 사이에 고막이 자리 잡고 있기 때문에 물이 귀로 들어간다 해도 중이까지 넘어가는 일은 절대 없다. 수영을 조심해야 하는 경우는 고막에 문제가 있는 만성중이염을 앓고 있거나 귀, 코, 목 등에 염증이 있을 때이다.

얼마 전 미국에서 딸이 수영하는 동영상을 인터넷에 올린 엄마가 화제가 되었다. 생후 6개월 된 아기가 엄마의 슬리퍼를 잡으려다 물속에 빠졌다. 그런데 엄마가 아무런 도움도 주지 않는 가운데 아기 혼자 버둥거리더니 이내 배영을 시작하는 조금은 혹독한 수영 훈련 모습이었다. 이 동영상이 논란을 일으키자 엄마 케리 모리슨(Keri Morrison)은 미국 폭스채널의 아침 방송에 출연해 딸의 수영 훈련에 대해 입을 열었다.

인터뷰에 따르면, 케리 모리슨은 지난 2013년 당시 만 두 살이던 첫째 아들을 휴가지에서 익사로 잃었다. 그 아픈 사고로 인해 신생아 수영의 중요성을 깨달았다. 그리고 둘째 딸만큼은 안전하게 지키고 싶은 마음에 일찍 생존수영을 시작하게 됐다고 했다. 생후 6개월 때부터 아기 수영 프로그램인 ISR(Infant Swimming Resource)에서 전문적으로 배우고, 집에서도 따로 훈련을 시켰다고 한다.

영국은 1991년 런던에서 처음으로 수영을 공교육에 포함시키기 시작해

점차 전국으로 확산되었다. 2016년에는 필수 교육으로 자리를 잡았다. 그래서인지 한국의 어린이 익사율이 10명당 3.1명인 데 비해 영국은 0.4명으로 세계 최저 수준이다. 다행인 것은 한국에서도 세월호 사고 이후 아이들의 안전에 경각심을 느끼고, 오는 2018년부터 초등학교 고학년들에게 수영 의무교육을 시작한다. 조금은 늦지 않았나 싶은 안타까운 마음이 들지만 어린이들이 익사 사고로부터 안전했으면 하는 바람이다.

영국에서의 수영 교육은 성적을 잘 받기 위해서 하는 눈요기식이 아니다. 실제 재난 사고가 발생했을 때 스스로 목숨을 지킬 수 있도록 말 그대로 '생존수영'이다. 만 7세부터 11세까지 일반 수영장에서 자유영, 배영, 평영으로 최소 25미터를 혼자 수영할 수 있도록 배운다.

사립학교일수록 수영의 중요성은 높아진다. 영국 최고 명문 사립학교로 꼽히는 이튼 스쿨의 경우 클럽 활동으로 워터 폴로, 카누, 조정 같은 고급 수상 스포츠를 즐긴다. 이 같은 포시 클럽(Posh Club, 상류층이 즐기는 클럽 활동)에 가입하려면 반드시 수영 테스트에 통과해야만 한다.

즉 수영장에서 다이빙을 시작으로 곧바로 평영으로 50미터를 완주한 후 30초 동안 물 위에서 떠 있어야 한다. 그 후 25미터를 다시 배영으로 돌아오는 코스인데, 단 한 번의 실수 없이 곧바로 진행해야 한다.

영국에서는 이처럼 어려서 생존수영을 배우기 때문에 해변에서 튜브에 몸을 맡기고 물속을 둥둥 떠다니며 노는 아이들을 보기 힘들다. 대부분 수경을 끼고 아동용 스노쿨링 장비를 갖고 혼자 잠수를 하거나 헤엄을 치면서 논다.

영국에서 수영을 못 하는 성인은 거의 없다. 남편 역시 만 4세부터 수영을 배웠는데, 수준급이다. 남편은 3면이 바다인 한국에서 바다 수영을 할 수 있는 성인이 많이 없을 뿐만 아니라 튜브를 끼고 노는 성인들이 너무 많아서 놀랐다고 했다. 영국에서 튜브는 영유아들을 위한 안전 제품일 뿐이다.

영국의 신생아 수영이 가혹하다고 생각하는 한국 엄마들도 있을 것이다. 하지만 영국식 생존수영은 아기의 오감 발달을 위한 최고의 놀이이다. 또한 아기와 엄마 간의 유대감 형성에 도움을 주고, 아이의 생명까지 지킬 수 있는 매우 중요한 보호 장치이다.

매직 워드의 주문을 외는 해리 포터 같은 영국 엄마

16

영국에서 선데이 로스트(Sunday Roast)라고 부르는 선데이 런치는 고기가 귀한 음식으로 대접받던 시절, 일요일마다 오븐에 구운 고기를 가족과 나눠 먹는 데서 유래했다. 지금은 전통으로 자리 잡은 영국의 역사이자 특별한 식사 문화이다. 주 메뉴는 오븐에 구운 치킨, 비프, 포크와 당근, 완두콩, 브로콜리, 컬리플라워 등의 삶은 채소 그리고 영국 가정식의 단골 메뉴인 구운 감자와 메시 포테이토로 구성된다.

얼마 전 선데이 런치 때 시어머니가 해준 로스트 치킨으로 시누이와 우리 가족이 오붓하게 식사를 했다. 가족과 대화를 주고받으며 선데이 런치를 한창 즐기는데, 투정 섞인 목소리가 들리기 시작했다. 다름 아닌 시누이의 여섯 살 난 큰딸 미아였다. 미아는 접시를 이리저리 흔들며 "맘, 치킨을 더 주세요. 나는 치킨을 원해요! 치킨, 치킨, 치킨!"이라며 고래고래 소리치기 시작했다.

"오냐. 조금만 기다리렴. 이 할미가 가져다주마."

시어머니가 일어나 미아의 그릇을 집어 들었다. 그때 시누이가 시어머니의 손을 잡았다. 그리곤 미아의 눈을 똑바로 쳐다보며 말했다.

"미아, 매직 워드(Magic word)!"

그때 놀라운 일이 벌어졌다. 방금까지만 해도 투정을 부리던 미아가 예의바른 목소리로 말했다.

"엄마, 치킨 주세요."

이 광경을 지켜본 나는 매직 워드가 도대체 뭐기에 미아가 한순간에 돌변할까 궁금했다. 그 의문점은 금세 풀렸다. 시누이는 그 이후에도 미아가 버릇없이 굴거나 공손하지 못할 때는 어김없이 매직 워드를 외쳤다.

"미아, 뭔가 말 안 한 게 있어. 매직 워드!"

미아에게 매직 워드를 외치는 시누이의 모습은 마치 해리 포터에 나오는 마법사 같았다. 그 마법사의 주문에 사로잡혀 "Please"를 외치는 조카의 모습이 얼마나 대견스럽고 귀여웠는지 모른다.

영국 아이들에게는 어릴 적부터 배우는 공통적인 매직 워드가 있다. "Please"를 비롯해 "Thank you"나 "Sorry"가 대표적이다. 옹알이를 할 때부터 매직 워드를 배워서인지 아기들은 작은 일에도 무조건 "Thank you"라고 말하고, 서너 살만 되도 "You're welcome"이나 "Excuse me"를 입에 붙이고 산다.

영국 엄마들은 매직 워드뿐만 아니라 정중하게 말하는 법을 아이들에게 수시로 가르친다. "Can you do this?"보다는 아이의 이름을 부르면서 말하는 걸 중요하다고 생각한다. 그 때문에 "Rose, can you do this for mummy?"나 "Rose, will you do this for daddy?"처럼 말한다. 그러면 아이는 '엄마가 나의 도움이 필요한가 봐', '아빠는 내가 이걸 하면 정말 좋겠다고 생각하시나 봐' 하면서 기분 좋게 응한다. 아울러 "Mum, would you~?"나 "Dad, can I~?"라고 부모나 어른에게 공손히 말한다.

　'영국'하면 젠틀함과 매너가 떠오른 건 21세기까지 왕족과 귀족이 존재해서가 아니다. 영국인들은 자녀를 낳는 그 순간부터 해리 포터가 되어 자녀에게 매직 워드로 마법을 건다. 또한 자녀를 독립된 인격체로 존중하며 정중한 말과 매너를 가르친다. 이는 아이를 품위 있는 어른으로 키우는 원동력이 되고, 이것이 곧 국가 이미지로 연결되는 것이다.

아기를 반려동물과 함께 키우는 영국 엄마

17

얼마 전 임신한 친한 언니가 시어머니와 트러블이 생겼다는 소식을 전해왔다. 원인은 고양이 두 마리 때문이었다. 고양이는 모두 언니가 결혼 전에 입양한 녀석들이었다. 그래서 언니하고는 사이가 각별했지만 시어머니는 아기 키우는 집에서 애완동물을 함께 키우는 걸 이해하지 못했다. 특히 고양이는 불길한 동물이라며 강력하게 반대했다.

"털 많은 고양이는 아기한테 좋지 않아. 빠른 시일 내에 모두 입양 보내려무나."

그때부터 고부 갈등이 시작되었다. 언니도 시어머니의 입장을 어느 정도 이해했지만, 그렇다고 가족처럼 함께 살아온 고양이들을 입양 보낼 수는 없었다. 이렇게 시작된 고양이로 인한 고부 갈등은 5년이 지난 후에도 계속되었다.

그 언니가 겪고 있는 갈등은 한국에서는 흔한 일이다. 특히 아기 키우는 집에서 털 날리는 애완동물과 지내면 안 된다고 생각하는 어른이 많다. 집 안에 동물 털이 날리면 아기한테 호흡기 질환을 유발하고, 애완동물의 침이 바이러스를 옮길 수 있다고 생각한다. 이 믿음은 나이 많은 세대일수록 확고하다. 젊은 엄마들 역시 면역력 약한 돌 이전 아기가 애완동물과 한 공간에 있으면 안 된다고 생각한다. 그래서인지 가족 같았던 애완동물을 결혼, 임신, 출산과 동시에 입양 보내는 일이 흔하다.

이에 반해 영국 부모들은 애완동물과 함께 생활하는 것을 개의치 않는다. 내가 한국에서는 아기와 애완동물이 한집에서 생활하는 걸 기피한다고 말하면 영국인들은 놀랍고 신기하다는 반응을 보일 정도이다. 그들은 애완동물이 자녀의 성장에 좋은 영향을 끼친다고 여긴다. 그래서 동물과 아기가 함께 생활하는 게 일반적이고, 이를 적극 장려하기도 한다.

<u>영국 엄마들은 반려견이 아이와 함께 생활하면 아기의 행동 발달을 촉진하고 불안과 스트레스를 줄여준다고 생각한다. 또한 아기가 책임감과 자신감을 기를 수 있게 도와준다고 생각한다.</u> 식사 때마다 반려견에게 사료를 주게 하거나 배변판을 갈아주는 등의 임무를 통해 책임감과 자신감을 기를 수 있다는 것이다.

또한 충동 조절 장애를 줄여주고 알레르기와 천식에 걸릴 확률도 줄여준다고 믿는다. 실제로 반려동물이 있는 가정의 자녀는 충동 조절 장애에 걸릴 확률이 낮다는 연구 결과가 있다. 최근에는 훈련된 애완견들이 치매 노인, 자폐 아동뿐만 아니라 충동 조절 장애를 가진 아동들의 놀이 치료에 많은 도움을 주고 있다.

개한테는 박테리아와 세균이 많다는 사실만으로 신생아와 어린 자녀에게 무조건 나쁘다는 인식이 일반적이다. 그런데 인간에게 옮겨 해를 끼칠 수 있는 개의 박테리아와 세균은 정말 적고, 최소한의 균 접촉을 통해 아기와 어린이는 오히려 면역력을 기를 수 있다.

애완견으로 인해 생긴 면역력 덕분에 어린 자녀, 특히 신생아일수록 바이러스에 강하고 건강하게 자랄 수 있다. 멀리 내다보면 애완견을 키우지 않는 집의 자녀보다 오히려 병원 갈 확률도 낮다는 결론을 얻을 수 있다.

내 남편은 아기와 애완견을 함께 키우는 게 논쟁거리가 된다는 사실을 흥미로워한다. 그리고 한국은 아기 키우는 데 유별나게 금기 사항이 많은 것 같다고 말한다. 사실 한국에서는 몰랐지만 영국에서 육아를 하다 보니 남편의 말에 살짝 고개가 끄덕여진다. 애완동물의 경우만 하더라도 정확히 알면 우리 아기, 우리 자녀한테 많은 도움을 줄 수 있다. 한국에 있을 때는 왜 무조건 나쁘다고만 생각했는지, 정말 우물 안 개구리 같았다는 생각이 든다. 그리고 죄 없는 애완동물을 괜히 미워했던 건 아닌지 미안하기도 하다.

스스로 용돈 버는 습관을
가르치는 영국 엄마
18

올해 초 한국을 방문했을 때, 그동안 만나 뵙지 못한 친인척 분들을 찾아다녔다. 친척 어르신들은 남편을 '영국 사위'라며 기쁘게 반겨주고 딸아이를 무척 귀여워해주셨다. 다행스럽게도 딸아이가 낯가림이 없는 편이라 처음 만나는 친척들 앞에서 방긋방긋 웃었다. 그 모습이 너무 예뻐 보였는지 어르신들은 1만 원짜리와 5만 원짜리를 꺼내 용돈이라고 주셨다. 그 상황을 옆에서 지켜보던 남편은 당황했다. 잠시 후, 단둘이 있을 때 남편이 물었다.

"자기 친척들은 모두 부자야? 어떻게 이런 큰돈을 아기 용돈으로 줄 수 있지?"

한국에서는 흔한 용돈 문화가 영국인의 눈에는 낯설고 의아해 보인 것이다.

남편은 열 살 이전에는 용돈을 받아본 기억이 거의 없다고 했다. 가끔 용돈을 받는 경우는 동네에 아이스크림 차가 왔을 땐데, 대략 50페니(약 1,000원) 정도였다고 한다.

그렇다고 모든 영국 아이가 용돈 없이 생활하는 것은 아니다. 영국의 설문 조사 기관 할리팩스(Halifax)에 따르면, 2011년 영국 아이들의 평균 용돈은 일주일에 6.25파운드(11000원 정도)라고 한다. 그 적은 돈으로 간식을 사 먹기도 하고, 친구들과 쇼핑도 하고, 피기 뱅크(Piggy Bank)라고 불리는 돼지저금통에 저금도 한다.

용돈이 더 필요한 아이들은 집안일을 돕는다. 부모님의 차를 세차하거나 정원의 잔디 깎기, 애완견 산책 시키기 등 소소한 집안일을 하면서 용돈을 번다. 이런 과정을 통해 자연스럽게 돈의 가치를 깨닫는다. 스스로 돈을 버는 습관은 고등학교를 졸업해서도 마찬가지다. 대학 입학 전 1~2년씩 일해서 스스로 등록금을 마련하기도 하고, 입학 후에는 비싼 월세를 감당하기 위해 주말이나 야간에 아르바이트를 한다. 방학에는 풀타임으로 아르바이트를 한두 개씩은 꼭 한다.

남편 역시 여름방학 때 시아버지가 운영하는 철강 공장에서 아르바이트를 하며 용돈을 벌었다. 시누이도 오전에는 웨일스 에버소크에 위치한 호텔에서 아르바이트를 하고, 오후에는 해변가에서 실컷 휴가를 즐겼다고 한다.

어릴 때부터 스스로 용돈 버는 습관을 익히는 영국 아이들은 고등학교를 졸업하면 부모로부터 독립하는 게 일반적이다. 여러 가지 상황 때문에 부모 집에서 생활할 경우에는 집안 청소는 물론 식사 준비도 스스로 하고,

파트타임 아르바이트로 부식비 정도는 부담하려 애쓴다.

요즘 한국에는 "금수저를 물고 태어났다"라는 말이 유행인데, 영국에도 이와 똑같은 의미를 가진 "은수저를 물고 태어나다"라는 표현이 있다. 부유한 출신의 자제를 일컫는 의미에서는 같지만, 영국에서는 은수저를 물고 태어났더라도 부모님으로부터 경제적으로 독립을 하므로 그 결과는 매우 다르다. 이런 은수저 출신이 성인이 된 이후에도 부모와 함께 살며 경제적 지원을 계속 받으면 영국에서는 사회 부적응자나 루저로 취급당하기 십상이다.

세계적인 축구 선수 데이비드 베컴의 첫째 아들 브루클린은 만 14세 때부터 카페에서 파트타임으로 일하며 용돈을 직접 벌었다. 그 이유는 베컴 부부의 확고한 자녀 교육관 때문이다. 베컴 부부는 아들에게 직접 돈을 벌어봄으로써 돈의 소중함을 느끼게 해주고 싶었다고 말했다.

사업가 아버지 덕분에 부유하게 자란 영국의 왕세자비 케이트 미들턴도 영국 패션 브랜드 직소(JIGSAW)에서 액세서리 바이어로 근무했다. 그리고 결혼 직전까지 부친의 파티용품 회사에서 카탈로그 디자인과 사진 편집, 생산, 마케팅 담당으로 일했다. 그런데 영국 은수저인 그녀조차 대학 졸업 후 곧바로 취업을 하지 않아 '게으른 케이티(Lazy Katie)'라는 조롱 섞인 별명을 얻고 영국 매스컴에서 뭇매를 당한 흑역사가 있다.

한국 부모들은 빚을 내서라도 자녀를 무조건 경제적으로 풍족하게 키우려 한다. 그래서인지 아이들은 최신 스마트폰부터 고가의 겨울 패딩까지 부족함 없이 자란다.

영국에서는 아이들에게 돈을 주는 문화가 없다. 생일이나 크리스마스에는 봉투에 현금이 아닌 정성스럽게 적은 손글씨 카드와 마음을 담은 소소한 선물을 준비한다. 경제적으로 풍족한 중산층 부모라도 아이들에게 고가의 물건을 사주지 않는다. 아이들은 이런 분위기 속에서 어릴 적부터 작은 것이라도 감사하게 생각하는 마음을 배우고, 인생에서 물질적인 것보다는 정신적인 풍요를 중시하며 성장한다. 사실 요즘 한국에서 유행 중인 신조어 '등골 브레이커(부모의 등골을 휘게 한다는 뜻에서 유래)'는 아이의 욕심이 아닌 부모의 욕심에서 비롯된 것이 아닐까 싶다.

면역력 있는 아이로 키우기 위한 영국 엄마의 지혜

19

"해양성 기후를 가진 섬나라 영국은 여름에는 서늘하고, 겨울에도 그리 춥지 않다."

한국의 지리 교과서에 나오는 영국 날씨에 대한 설명이다. 하지만 영국에서 직접 살다 보니 교과서와는 많이 다르다는 것을 새삼 느낀다. 한마디로 영국 날씨는 괴팍스럽다. 1년 내내 잔뜩 흐린 날씨가 대부분이며 7~8월의 여름임에도 뼈 속까지 으슬으슬해서 겨울 코트를 입고 다닌 적도 있다.

겨울에도 비가 많이 내리고 햇빛을 보기 힘들다. 그래서 겨울철에는 따뜻한 집에 있는 게 최고다. 하지만 이것도 만만치 않다. 온돌방에서 살아온 내게 영국의 집은 너무나도 춥기 때문이다. 영국에서 지은 지 20년 된 집은 새집에 속하고 50~100년 된 집은 흔하디흔하다. 200년 넘은 집을 보는 것도 어렵지 않다.

영국의 집들은 현대식 주택에 비해 멋스러운 외관을 자랑하지만 난방력은 크게 떨어지는 편이다. 그렇다고 따뜻한 실내를 만들기 위해 겨울 내내 라디에이터를 틀었다가는 난방비 폭탄을 맞기 십상이다. 그래서 대부분의 가정에서 실내 온도를 섭씨 20도로 유지하기 위해 각종 지혜를 발휘한다.

영국 엄마들은 아이를 조금 춥게 키운다. 한국에서는 22~24도를 신생아에게 적정한 온도라고 추천하는 데 반해, 영국에서는 16~20도가 적당하다고 생각한다. 그래서 '그로 에그'라는 육아 제품이 큰 인기를 끌고 있다. 그로 에그란 신생아 방의 온도에 따라 색이 변하는 디지털 온도계를 말한다.

이 기기는 적정 온도인 16~20도 사이에서는 노란색을 유지하지만, 16도 이하로 떨어지면 파란색으로 변한다. 그리고 20도 이상이 되면 주황색으로, 24도 이상일 경우 빨간색으로 변하는 등 경고를 해준다.

영국 엄마들의 겨울과의 싸움은 여기에서 끝이 아니다. 공기가 차가운 한겨울에도 바람 커버 없이 아기를 유모차에 태우고 산책하는가 하면, 비가 오는 날에도 우산을 씌우지 않고 방수 재킷만 입힌다. 그래서인지 영국 아기나 어린이들은 항상 콧물을 흘리고, 뺨이 빨갛게 터져 한국에서 흔하게 말하는 '촌병'을 달고 다닌다.

거리에서는 한겨울임에도 짧은 상하의를 입은 남학생을 많이 볼 수 있다. 일반적으로 영국 사립학교 남학생들의 겨울 교복은 반바지인 경우가 많다. 보통 긴 상의 유니폼에 반바지를 입고 긴 스타킹을 신는데, 눈까지 내리는 겨울날에 이런 교복을 입은 10세 미만의 남학생을 볼 때면 내가 다 얼얼해지는 기분이다.

이렇게 춥게 다닌다고 해서 영국 아이들이 감기에 걸리지 않는 타고난 건강 체질은 절대 아니다. 영국 아이들도 감기에 걸린다. 하지만 그 대응책이 한국과 조금은 다르다. 한국 부모들은 감기 기운이 조금만 있어도 아이를 곧바로 병원으로 데려가 주사를 맞히고, 항생제가 든 약을 먹이려 한다. 하지만 영국에서는 감기에 걸렸다고 자녀한테 항생제를 먹이는 건 상상조차 할 수 없다.

영국 NHS에서는 만 16세 미만 아이들에게 아스피린 복용을 경고한다. 라이증후군(Reye's syndrome, 뇌 질환의 일종)의 위험성이 높아지기 때문이다.

아이가 감기에 걸렸을 때는 항생제를 먹이는 게 아니라, 영국의 영유아 '국민약'이라 할 수 있는 카폴(Calpol)을 복용한다. 해열 진통제 파라세타몰(Paracetamol)의 액체 약인 카폴은 아이들의 위나 장에 부담이 적고 고열, 감기 증상까지 완화해주는 만병통치약으로 쓰인다. 코감기에 걸려 코가 막힌 경우는 올바스 오일(Olbas Oil)을 사용하는데, 순식물성 오일로 제조해 성인은 물론 생후 3개월 이상 아기도 사용 가능하다.

어른도 마찬가지로 감기에 걸렸을 때 항생제를 복용하기보다는 집에서 직접 천연차를 만들어 마신다. 주로 따뜻한 물에 레몬즙을 내서 미네랄이 풍부한 꿀을 탄 허니레몬티, 또는 이 허니레몬티에 위스키를 섞어 항균력을 높인 핫 토디(Hot Toddy)를 즐겨 마신다.

영국인들은 2016년 '항생제 내성' 보고서 때문에 큰 충격에 빠졌다. 영국 정부에서 수행한 2년 동안의 연구 조사에 따르면, 2050년에는 항생제 만성으로 3초마다 1명씩 사망할 것으로 예상된다. 다시 말해 매년 1000만 명이 항생제로 인해 사망하는 시대가 온다는 얘기다.

무분별한 항생제 남용으로 더 이상 항생제가 인체에서 반응하지 않게 되면 결국 결핵이나 성병은 난치병이 되어버리고, 맹장 수술이나 제왕절

개 수술이 사람의 생명을 위협할 뿐만 아니라, 손가락의 작은 상처 때문에 사망에 이를 수 있다고 한다.

특히 항생제 내성이 생기는 가장 큰 이유는 가벼운 감기 증상에도 항생제를 과다 복용하는 것과 큰 관련이 있는 것으로 나타났다. 이 같은 연구 결과는 한국처럼 항생제 성분이 있는 감기약을 먹여 초기에 감기를 잡아야 한다고 생각하는 항생제 오남용 국가에 시사하는 바가 크다. 몸이 아파서 올바른 약을 쓰는 것은 어쩔 수 없지만, 가벼운 감기 증상에 항생제를 남용하지 말았으면 하는 바람이다.

노 키즈 존 없이
아이 키우는 영국 엄마
20

딸이 생후 5개월쯤부터 매주 금요일마다 지역 교회에서 열리는 베이비 앤드 토들러 플레이 그룹(Baby & Toddler Play Group)에 참여하기 시작했다. 아침 10시부터 시작하는 프로그램은 10시 50분까지는 개별 놀이 시간이고, 11시부터는 간식 시간이다. 간식 시간이 되면 모든 아이가 미니 테이블과 의자에 앉아서 대기한다.

간식으로는 주로 스콘이나 미니쿠키 같은 간단한 요깃거리와 함께 포도, 사과, 바나나 같은 과일이 나왔다. 딸아이는 미니 의자에 앉아 작은 손으로 꼬물거리며 간식을 집어 먹기 시작했다. 그런데 그 모습이 얼마나 불안해 보이던지 결국 내가 그 옆에 쪼그리고 앉아 조금씩 떼어서 입으로 넣어주었다. 한참을 먹여주다 다리에 쥐가 날 것 같아 일어나서 주변을 둘러보니, 30명 가까이 되는 엄마 중에서 아이 입으로 음식을 넣어주는 것은 나뿐이었다.

딸아이보다 어린 아기들조차 의자에 걸터앉아 얼굴이나 손이 지저분해져도 엄마의 도움 없이 혼자 먹고 있었다. 엄마들은 뒤쪽에 서서 개인 접시에 간식을 덜어주고, 식사 매너를 훈육하는 코치만 할 뿐 여유롭게 커피나 차를 마시고 있었다. 그때 온 '멘붕'이란 도저히 말로 표현할 수가 없다. 갑자기 나 혼자만 바보가 된 것 같은 기분이 들었다.

영국 엄마들은 절대 쫓아다니면서까지 아이한테 밥을 떠먹여주지 않는다. 이유식을 시작할 시기가 되면 하이 체어나 부스터를 준비해 앉히고, 움직임이 많은 아이들이 떨어지지 않도록 벨트까지 안전하게 착용한다. 어른들과 마찬가지로 지정된 식사 공간에서 밥을 먹는 것이다.

한국은 전통적으로 좌식 생활 방식이기 때문에 바닥에 앉아 상을 펴고 밥을 먹는 게 편안하다. 거실에서 간식을 먹는 것도 익숙하다. 나 역시 이런 방식으로 생활했기 때문에 가끔 딸아이를 하이 체어에 앉히지 않고 과자나 과일 같은 간식을 줄 때가 있다.

남편은 이런 내 모습을 썩 좋아하지 않는다. 일단 간식을 한자리에서 먹지 않고 손에 움켜쥔 채 집 안 곳곳을 돌아다니기 때문에 바닥이 지저분해진다. 또한 어릴 적부터 지정된 곳에서 음식을 먹는 습관을 길러야 식사 매너를 배울 수 있다고 생각하기 때문이다.

중산층 영국인은 공공장소에서 남에게 폐 끼치는 걸 싫어할 뿐만 아니라 식사 매너도 엄격하다. 그래서 영국 중산층 부모는 어릴 적부터 철저하게 테이블 매너 교육을 시킨다. 식사할 때는 입안의 음식물이 보이지 않게 하고, 소리를 내며 씹지 않도록 가르친다. 포크와 나이프 사용 방법도 정확하게 알려준다. 아울러 아이가 식사 중간에 돌아다니면서 먹지 않도록 가르친다. 이런 철저한 매너 교육 덕분인지 영국 레스토랑이나 펍에서 아이들 때문에 특별히 시끄럽거나 방해를 받는다고 느낀 적이 한 번도 없다.

이런 점은 한국과 무척 다르다. 올해 초 한국에 갔을 때 딸아이와 함께 외식할 경우는 놀이방 있는 식당을 주로 이용했다. 어느 토요일 오후, 샤브샤브 체인점에 갔더니 레스토랑인지 키즈 카페인지 도저히 구분이 안 될 정도로 아수라장이었다. 아이들은 놀이방뿐만 아니라 테이블 사이사이 좁은 곳에서 마구 뛰어다녔다. 서빙하는 사람이 뜨거운 음식을 들고 다니다 부딪히면 큰 사고로 이어질 게 뻔했다.

그런데도 대부분 부모들은 테이블에 앉아서 한결같이 말로만 "조용히 해" 하며 내버려두었다. 나도 아이를 키우는 입장이라 어느 정도 참고 이해하려 했지만, 그런 상황이 너무 심해 그곳에서 식사하는 게 어느 순간 불쾌해졌다. 왜 한국에서 영유아와 어린이를 동반한 고객의 출입을 제한하는 노 키즈 존(No Kids Zone)이 늘고 있는지 새삼 느낄 수 있었다.

작년 여름, 동네에 서머 하우스라는 레스토랑이 새로 문을 열었다. 레스토랑 공사를 시작할 때부터 인테리어가 너무 예뻐 눈여겨보다가 오픈을 하자마자 남편과 함께 식사하러 갔다. 문제는 새로 오픈한 곳이어서 아이를 동반할 수 있는 차일드 프렌들리(Child Friendly) 레스토랑인지 확인할 수 없었다. 혹시나 차일드 프렌들리가 아니면 다른 테이블에 폐를 끼칠 수도 있는 상황이었다. 그래서 레스토랑으로 전화를 걸어 차일드 프렌들리 레스토랑인지 확인한 후 아기를 위한 하이 체어까지 예약하고 식사를 하러 갔다. 이렇게 영국에서는 자녀들을 데리고 외식할 경우 차일드 프렌들리인지 꼭 확인하고 하이 체어가 필요하면 미리 말해두어야 한다.

물론 차일드 프렌들리라고 해서 키즈 카페마냥 아이들이 마음대로 떠들고 돌아다닐 수 있는 것은 아니다. 부모는 자녀에게 매너 있게 행동하라고 계속 주의를 준다. 가끔 신생아가 심하게 울거나 아이를 도저히 케어할 수 없을 때는 엄마나 아빠 중 한 사람이 밖으로 데리고 나가 달랜 후 다시 들어온다.

영국 부모들은 자녀와 함께하는 가족 외식은 주로 점심 시간을 이용한다. 만 10세 미만의 어린 자녀를 데리고 늦은 저녁 외식을 하지 않는다. 이건 자녀들을 일찍 재우는 문화가 정착되어 있기 때문이다. 또한 7시가 넘은 저녁 시간대에는 분위기 있게 식사하러 나온 사람들이 대부분이므로 어린 아이를 동반한 외식을 감행할 경우 다른 테이블에 폐를 끼칠 게 분명하기 때문이다.

이런 분별 있는 교육을 하는 부모 덕분인지 영국 레스토랑이나 펍에는 노 키즈 존이 존재하지 않는다. 1995년에는 법을 개정해서 어린 자녀를 데리고 펍 출입까지 가능해졌다. 물론 보수적인 50대 이상 남성들은 여전히 펍을 성인들만을 위한 공간이라 생각하고, 어린 아이들을 데려 오는 걸 싫어하기도 한다.

영국 내에서 노 키즈 존이란 표현은 없지만, 비행기에서 만 12세 이하의 어린이가 앉지 못하는 콰이엇 존(Quiet Zone)에 대한 논란은 있다. 몇 년 전 BBC 〈탑기어〉의 진행자 제레미 클락슨(Jeremy Clarkson)이 트위터에 올린 글이 그 시작이었다.

"언제쯤 영국 항공사는 아기들을 짐칸에 태울 것인가?"

클락슨이 농담 삼아 올린 글은 많은 사람의 공분을 샀다. 한 번이라도 경험해본 사람은 아기나 어린이를 많이 태운 비행이 얼마나 고통스러운지 안다. 끊임없이 들려오는 울음 소리와 고함 소리는 물론이거니와 뒤에 앉은 꼬마가 발로 내 좌석을 차기도 하고 머리를 잡아당기기도 한다.

그렇다고 아이를 놔두고 부모만 비행기를 탈 수도 없는 노릇이고 항공사 또한 무작정 노 키즈 존을 만들 수 없는 상황이다. 그래서 그 절충안으로 나온 게 바로 콰이엇 존이다. 요즘 영국 항공사는 이 콰이엇 존을 대폭 늘리고 있다. 영국 여행 사이트의 설문조사에 의하면, 70퍼센트 영국인이 이런 콰어엇 존에 긍정적이며 어린 아이가 없는 차일드 프리(Child Free) 비행에 추가 요금을 지불할 의향이 있다고 말했다.

어쨌든 트위터 글을 본 영국 엄마들은 일제히 제레미 클락슨을 비난하기 시작했다. 영국 육아 사이트 맘스넷(Mumsnet)에서는 "우리 엄마들은 제레미 클락슨을 짐칸에 태워야 한다고 생각한다"고 맞받아치는 글을 올리기까지 했다. 결국 논란이 커지자 영국 항공사 BA는 재빨리 "우리 항공사는 신생아가 있는 가족까지 환영합니다"라는 최종 공식 입장을 발표하기도 했다.

어린 자녀를 데리고 여행하거나 외출하는 것은 결코 쉽지 않다. 하지만 영국에서는 부모를 위한 사회적인 복지와 배려, 따뜻한 시선이 있어 한국보다는 한결 마음이 가볍다. 그렇다고 이런 혜택들을 악용해 내 아이를 마음대로 방치하며 키우지는 않는다. 영국 부모들은 타인에게 폐를 끼치지 않도록 아이들을 양육한다.

하지만 한국은 어떤가. 식당에서 떠드는 아이를 방치하는 부모, 마트 안에서 계산도 하지 않은 상품을 뜯어서 아이에게 먹이는 부모, 나이 제한이 있는 영화임에도 아이를 데리고 버젓이 관람하는 부모 등 눈살을 찌푸리게 하는 장면을 종종 목격한다. 한국에서 논란 중인 노 키즈 존은 양심 없는 부모, 개념 없는 부모에게 적용하는 노 페어런츠 존(No Parents Zone)으로 이름을 바꾸는 것이 맞지 않을까?

진정한 노블리스 오블리주의
영국 왕족 교육법
21

 2016년 1월 6일, 조지 왕자가 유치원에 등교하는 모습이 영국 언론에 공개됐다. 연예인의 사생활에 별 관심 없는 영국 중산층 부모들도 로열 패밀리에 대한 호기심은 어쩔 수 없는 것 같다. 조지 왕자가 첫 등교 때 입은 파란색 퀼트 재킷이 곧바로 품절되는 이른바 '조지 효과' 덕분에 관련 상품이 불티나게 팔려나갔다. 이제 겨우 세 살밖에 되지 않았지만 영국 왕위 계승 서열 3위인 조지 왕자는 순식간에 완판남으로 등극했다.

 조지 왕자의 인기는 미국 오바마 대통령이 영국을 방문했을 때도 빛을 발했다. 하루는 오바마 대통령이 윌리엄 왕세손 부부의 거처인 켄싱턴궁에서 만찬을 즐겼다. 마침 조지 왕자가 잠자리에 들 시간이었고, 이에 맞춰 오바마 대통령이 왕자의 침실을 찾았다. 언론이 둘의 만남을 가만둘 리 없었다. 여기저기서 플래시가 터졌고, 뉴스에서는 이 역사적인 만남을 크게 다루었다.

다음 날, 사람들의 반응은 예상 밖이었다. 오바마 대통령과 조지 왕자의 만남보다 그날 조지 왕자가 입고 있던 잠옷 패션이 큰 화제로 떠오른 것이다. 결국 조지 왕자가 입었던 하얀색 가운은 사진 공개 후 1분 만에 온라인에서 품절되었다.

조지 왕자의 어머니이자 왕세손비인 케이트 미들턴은 공식석상에서 알렉산더 매퀸, 제니 팩햄, 템퍼리 같은 고가의 영국 디자이너 옷을 즐겨 입는다. 하지만 평상시에는 엘케이 베네트, 리스, 자라 같은 기성복을 주로 입는다.

왕족이라고 하기에는 소박한 패션 스타일을 가진 자신의 아들에게도 역시 소박한 옷을 입힌다. 조지 왕자가 입는 것은 대부분 50파운드(약 9만 원) 미만의 옷들이다. 유치원 등원 때 입었던 존 루이스에서 판매한 파란색 재킷은 30파운드(약 5만 5000원)였으며, 오바마 대통령을 만났을 때 입었던 잠옷 가운은 영국 영유아 인터넷 쇼핑몰(My First Years)에서 27파운드(약 4만 7000원)에 판매하는 제품이었다.

그녀는 패션뿐만 아니라 유치원을 선택하는 데도 역시나 소박했다. 조지 왕자가 2016년 1월부터 다니기 시작한 유치원은 그들 부부가 현재 거주 중인 잉글랜드 노포크 안메르에 위치한 몬테소리 유치원이다. 몬테소리 유치원은 영국 곳곳에서 흔히 볼 수 있다. 100년 넘는 역사를 자랑하는 몬테소리 유치원은 이탈리아 내과 의사이자 교육자였던 마리아 몬테소리(Maria Montessori)의 교육관을 기초로 설립되었다. 과거 교사의 일방적인 수업으로 진행한 주입식 교육에서 벗어나 아이들이 창의력을 발휘할 수 있도록 놀이를 통한 창작 교육은 물론 아이들의 인격을 존중하면서 눈높이

교육을 처음으로 시작한 교육 기관이다.

조지 왕자가 다니는 몬테소리 유치원은 규모가 작을 뿐만 아니라 가격이 저렴한 것으로도 유명하다. 왕세자비 부부가 이런 작은 규모의 공립 유치원을 선택한 것은 개인 사유지에 있어 파파라치의 접근이 불가능한 것도 있지만 더 큰 이유는 조지 왕자가 학교 입학 전 어린 시절만큼은 대부분의 영국인처럼 평범한 교육을 받았으면 하는 바람 때문이다.

이 같은 바람은 윌리엄 왕자의 모친인 고 다이애나비를 닮았다. 그녀는 궁 안에서 가정교사를 두고 1대 1로 교육하던 전통을 깨고 영국 왕실 최초로 왕자들을 유치원에 보내기 시작했다. 윌리엄 왕자와 해리 왕자가 다녔던 노팅힐의 미놀즈 유치원은 지금의 화폐 가치로 하면 2200파운드(약 3700만 원)가량 드는 값비싼 사립 유치원이었다. 하지만 아무리 값비싼 사립 유치원이라도 그 당시 왕족의 아이들을 유치원에 보낸다는 것은 상상조차 할 수 없었기 때문에 다이애나비의 새로운 방식의 왕자 교육법이 큰 화제가 되었다.

다이애나비가 이런 선택을 한 것은 그녀가 고등학교 졸업 이후 사립 어린이집 교사로 잠시 근무한 경력 때문이기도 하지만 가정 환경도 크게 작용했다. 1961년 7월 1일, 스펜서 백작 집안의 셋째 딸로 태어난 다이애나는 7세 되던 해 부모님이 이혼했고, 이혼 후에도 양육권과 재산권으로 법적 다툼이 계속 이어졌다. 불행한 어린 시절을 보낸 그녀는 결혼 후 아이들에게 좀 더 좋은 엄마로서 평범한 행복을 누리며 키우고 싶었다.

이런 다이애나비의 교육관은 손자 조지 왕자가 공립 유치원에 다니는 데 큰 영향을 미쳤다. 만약 다이애나비가 영국 왕실 전통을 깨지 않았더라면 윌리엄 왕자와 조지 왕자는 또래 아이들과의 교류 없이 궁 안에서 어린 시절을 보냈을 것이다.

다이애나비는 아이들에게 진정한 사회가 무엇인지 알려주고, 어려운 사람을 도와주는 봉사 활동에 적극적이었다. 무엇보다 이런 자리에는 늘 왕자들을 데리고 다녔다. 아울러 고아원이나 아프리카 난민을 위한 봉사 활동뿐만 아니라 암, 심장병, 에이즈 환자 돕기에도 적극적이었다.

1987년 4월에는 영국 에이즈센터를 방문해 에이즈 환자의 손을 잡고 대화하는 모습이 세계 언론에 대서특필되기도 했다. 당시 환자와 손만 닿아도 전염된다는 에이즈에 대한 잘못된 인식을 바꾸는 데 다이애나비가 큰 역할을 했음은 물론이다.

다이애나비는 1997년 8월 사망하기 전까지 국제적십자사의 지뢰 사용 및 판매 금지에 앞장서 대인지뢰금지협약를 체결하는 데 큰 기여를 했다. 이같이 남을 돕는 데 헌신적이었던 그녀의 모습은 윌리엄 왕자에게 그대로 전해진다.

윌리엄 왕자는 어머니의 뜻을 이어받아 자선 재단인 로열파운데이션을 설립하고, 약혼자이던 케이트 미들턴을 홍보대사로 임명해 본격적인 자선 활동을 시작했다. 결혼을 앞두고는 자신들의 공식 홈페이지(www.royalweddingcharityfund.org)를 개설해 18억 원에 가까운 기부금을 모아 화제가 되기도 했다.

윌리엄 왕자의 동생인 해리 왕자도 살아 생전 어머니가 못다한 업적을 이어가고 있다. 특히 지난 2010년에는 세계 최대 폭발물 제거 단체인 영국 할러 트러스트(Halo Trust)와 함께 아프리카 모잠비크를 방문해 지뢰 제거 활동을 펼친 일은 큰 화제가 되었다.

　지금도 윌리엄 왕자와 해리 왕자는 자선 활동과 봉사 활동에 적극적으로 참여하고 있다. 어머니 다이애나비의 영향이 매우 크긴 하지만, 이제는 두 왕자의 이러한 활동이 영국의 상징처럼 되어가고 있다. 이처럼 영국의 로열 패밀리는 노블리스 오블리주를 몸소 실천하고 있다.

영국 아이들의 건강을 생각하는 스타 셰프 제이미 올리버

22

요즘 한국에서는 이른바 '쿡방'이 대세이다. TV를 틀면 아침부터 밤까지 온종일 요리 프로그램을 방영할 정도이다. 최근 1~2년 사이 한국에서 쿡방이 유행하기 전 영국에서도 이미 쿡방이 대세였다. 영국 전통 가정식 요리 비법을 알려주는 프로그램부터 케익과 쿠키를 만드는 디저트 프로그램, 저녁을 직접 만들어 데이트 상대를 결정하는 서바이벌 프로그램까지.

영국 음식이라고 하면 일단 맛이 없다고 생각하는 한국인에게는 조금 의외일 수도 있다. 하지만 영국에는 세계적으로 알려진 스타 셰프도 많고, 런던만 해도 명성 높은 요리 학교와 유명 레스토랑이 밀집해 있다.

영국 스타 셰프 중에서 혜성처럼 등장한 이가 있으니 바로 제이미 올리버(Jamie Oliver)이다. 그는 1999년 BBC에서 제작한 〈네이키드 셰프(The Naked Chef)〉로 영국에서 제이미 열풍을 일으켰다. 당시 20대 중반이던 제이미 올리버가 이 프로그램에서 선보인 것은 어디에서나 쉽게 구할 수 있는 저렴한 재료들로 누구나 만들 수 있는 초간단 집밥 레시피였다.

제이미 올리버는 2015년 채널4에서 제작한 〈슈가 러시(Sugar Rush)〉에 출연해 설탕이 얼마나 무서운 백색가루인지에 대해 알려주었다. 이 프로그램에는 설탕 함유량이 높은 탄산음료에 중독되어 치아 6개를 뽑은 만 5세 어린이가 나오기도 하고, 당뇨에 걸려 다리를 절단한 어른도 나온다. 그는 멕시코처럼 설탕 함유량이 높은 음료에 대해 정부가 높은 세금을 부과해야 한다고 주장했다. 이 덕분에 제이미는 '안티 슈가 보이(Anti Sugar Boy)'라는 별명을 얻기도 했다.

이 방송의 여파로 영국 정부는 설탕세를 도입하기로 결정했다. 설탕세를 도입하면 올리버의 바람대로 비만과 당뇨로부터 아이들을 지킬 수 있을 것이다. 유명 셰프와 방송의 힘이 영국 사회를 바꿔놓은 것이다.

제이미 올리버는 설탕 반대 이전에도 아이들을 위해 많은 공익 활동을 펼쳤다. 지난 2005년, 채널4의 〈제이미의 스쿨 디너〉에 출연해 영국 아이들의 학교 급식에 대한 문제점을 바로잡은 것이 대표적이다. 당시 공립학교 학생 1명에게 사용하는 재료비는 37펜스(700원 정도)여서 급식으로 저렴한 정크푸드를 먹는 게 보편적이었다. 이 사실을 알게 된 제이미 올리버는 학교에서 제공하는 점심은 성장에 필요한 비타민과 영양소가 많은 건강하고 신선한 음식이어야 한다며 정크푸드를 급식으로 내는 것을 강력하게 반대했다.

하지만 이미 정크푸드로 점심을 먹는 것에 익숙한 학생들은 제이미 올리버의 건강 식단은 맛이 없다는 이유로 거부하고 쓰레기통에 버리기까지 했다. 결국에는 올리버를 추방하자는 캠페인까지 벌였다. 학교 급식 조리사와 영양사들 역시 손이 많이 간다는 이유로 그의 캠페인에 비협조적이었다.

그러자 올리버가 반격에 나섰다. 학생과 시청자들에게 충격 요법을 쓴 것이다. 그는 학생들의 최고 인기 메뉴인 치킨너겟을 만드는 과정을 TV에서 직접 보여줬다. 닭 껍질과 내장 찌꺼기에 밀가루를 넣고 믹서기에 갈았다. 다른 한쪽에서는 오븐에 구운 닭다리를 선보였다. 두 가지 요리를 보여 주고 그가 물었다.

"자, 이 둘 중 어느 것을 드시겠어요?"

그때부터 아이들과 부모의 생각이 달라지기 시작했다. 특히 정크푸드에서 건강식으로 식단이 바뀌자 학생들이 눈에 띄게 변했다. 공격적이고 산만했던 아이들이 차분해지고 천식이나 알레르기가 있던 아이들은 증상이 호전되기 시작한 것이다. 결국 제이미는 어려운 난관을 극복하고 건강 급식 식단을 만드는 데 성공했다.

이 급식 캠페인은 큰 화제가 되었다. 제이미 올리버는 당시 총리이던 토니 블레어를 만나 공립학교 급식 개선을 위해 무려 2억 8000만 파운드 (5000억 원)의 예산 지원을 얻어냈다. 그 결과 공립학교 급식에서 감자튀김, 치킨너겟, 햄버거 같은 정크푸드가 줄어들고 건강한 음식을 제공할 수 있게 되었다.

제이미의 활동은 여기에서 끝나지 않았다. 제대로 교육받지 못한 청소년들을 자신이 운영하는 레스토랑에서 직접 가르치는 프로그램 〈제이미 키친〉을 제작하는가 하면, 못생긴 과일과 채소를 구입하자는 '웡키 베그 박스(Wonky Veg Box)' 캠페인을 영국 대형 슈퍼체인 아스다(ASDA)와 함께

벌이고 있다.

　신선함에도 불구하고 단지 모양이 정상 규범에 맞지 않아 소비자의 외면을 받고 폐기되는 수천 톤의 과일과 채소의 낭비를 막자는 취지이다. 아스다에서는 못생긴 청과물을 30퍼센트 할인한 가격으로 소비자에게 판매하는데, 이는 농민들의 손해를 줄일 수 있을 뿐만 아니라 소비자도 저렴한 가격으로 구입할 수 있어 일석이조의 효과를 거둘 수 있는 캠페인이다.

　제이미 올리버는 다섯 아이의 아빠이다. 그가 처음 텔레비전에 등장할 때만 해도 방송국 관계자한테 운 좋게 발탁된 행운아로만 생각되었다. 하지만 그는 뛰어난 요리 실력과 재능으로 방송과 출판, 사업 분야에서 큰 성공을 거두었다. 아울러 아이들을 위한 건강 캠페인이나 국제적인 사회 운동에 누구보다 앞장서고 있다. 이렇게 아이들의 건강까지 생각하는 스타 셰프가 있기에 영국의 미래는 밝기만 하다.

예절과 기부를 먼저 가르치는 베컴 부부의 자녀 교육법

23

셀러브리티로 세계인의 주목을 받는 베컴 부부는 1999년 결혼해서 3남 1녀의 자녀를 두었다. 과거 축구 선수와 걸그룹 멤버로서 화려한 스타였다면 지금은 네 자녀를 똑부러지게 키워 모두의 부러움을 사고 있다. 베컴은 미용사이던 어머니와 주방 인테리어 수리공 아버지 사이에서 1남 2녀 중 둘째로 태어났다. 빅토리아 베컴 역시 미용사이던 어머니와 전기기술자 아버지 사이에서 3남매 중 장녀로 태어났다.

베컴과 빅토리아 모두 영국 서민 집안 출신이라는 공통점이 있다. 서민 가정 출신이라는 배경은 이들의 자녀교육에 막대한 영향을 미치고 있다. 데이비드 베컴은 최근 한 언론과의 인터뷰에서 이런 말을 했다.

"아이들에게 늘 겸손을 강조합니다. 부모가 열심히 일하는 덕분에 좀 더 나은 삶을 살 수 있는 것에 늘 감사하라고 말이죠. 부모에게 물려받은 특권적인 삶을 당연하게 받아들여서는 안 되기 때문입니다."

베컴 부부의 교육관은 한국에서 흔히 말하는 금수저의 인생을 자녀들에게 그대로 물려주지 않겠다는 것이다. 그런 까닭에 그들 부부의 장남 브루클린은 만 14세 무렵부터 카페에서 파트타임으로 아르바이트를 해야 했다. 베컴 부부의 첫아이로서 출생과 함께 세계인의 관심을 받으며 자란 브루클린이 돈의 소중함을 모르고 겉멋만 든 채 성장할 것을 우려해 부모가 먼저 아르바이트를 권유한 것으로 알려졌다. 브루클린 역시 부모의 뜻을 선뜻 받아들여 아르바이트를 시작했다고 한다. 당시 받은 시급은 4.5파운드(7500원)였다. 공식적인 재산이 무려 2억 1000만 파운드(3700억 원)에 달하는 집안의 장남이 한 첫 용돈벌이 치고는 나쁘지 않았다.

둘째 아들 로미오는 만 1세 되던 해 버버리 모델로 활동하기 시작했다. 베컴 부부는 아들을 모델로 데뷔시키기 전 잠시 고민했지만 사회를 경험하고 현실을 직접 느껴보는 교육을 하고 싶어 찬성했다. 이 생각은 적중했다. 성인이 된 로미오는 최근 런던 자선 마라톤에 참가해 수익금 전액을 아빠의 자선 단체에 기부하기도 했다

베컴 부부는 자식들의 올바른 가치관을 형성해주는 사회 경험은 물론이며 타인을 존중하고 배려하는 예절 교육에 대해서도 매우 엄격하다. 아들의 학교에서 선생님을 만나 한 첫 번째 질문은 학업 성적이 아니라 예의가 바른지에 관한 것이었다고 한다. 다행히도 선생님은 매너가 아주 좋다고 말했다. 베컴의 자녀들은 말문이 트일 때부터 항상 감사하다는 말을 하면서 성장했다.

베컴 부부는 자녀에게 말만 하는 부모가 아닌 진정한 모범이 되기 위해서 전 세계 아이들을 위한 자선 활동도 열심히 한다. 2013년 프랑스 파리

생제르맹 축구단과 5개월 단기 계약을 한 베컴은 계약금 330만 파운드(55억 원)를 전부 파리 어린이 자선단체에 기부해서 화제가 되었다.

패션 디자이너인 빅토리아 베컴도 2014년부터 UN 에이즈 방지 및 치료 협회 홍보대사로 활동 중이다. 아프리카 에티오피아의 어린이와 여성 단체를 방문해 봉사 활동을 펼치고 사하라 사막 이남에 거주하는 HIV 감염자 엄마들을 위해 600벌에 달하는 자신의 의류와 패션 소품을 온라인으로 경매하는 모금 활동을 펼치기도 했다. 여성 에이즈 환자와 어린이 감염자들을 위한 적극적인 봉사 활동에 대해서 그녀는 이렇게 말했다.

"나도 여자이자 엄마다. 세계인들의 봉사 의식을 높이기 위해 내가 할 수 있는 건 무엇이든지 하고 싶다."

베컴 부부는 아무리 바쁘더라도 가족과 함께 시간을 보낸다. 일보다 가족을 우선순위에 두는 것이 자녀교육에서 가장 중요하다고 생각하기 때문이다. 베컴 부부는 말한다.

"우리 삶의 원동력은 바로 아이들이자 가족입니다."

베컴 부부는 오늘도 자신을 필요로 하는 곳에서 봉사와 기부를 한다. 자선 활동에 늘 앞장서는 부모를 보고 자란 자녀들 역시 봉사 활동에 적극적임은 물론이다.

영국 버진그룹 회장
리처드 브랜슨의 특별한 육아 휴직
24

영국의 괴짜 억만장자 리처드 브랜슨은 버진그룹의 창업자이자 회장이다. 56억 달러(약 6조)에 달하는 재산을 소유하고 있어 영국에서 네 번째로 돈이 많은 사람이다. 1970년 버진레코드 음반 사업을 시작으로 현재 관광, 레저, 엔터테인먼트 사업을 포함해 금융, 항공, 철도, 건강, 음식, 음료, 미디어, 통신까지 전 세계적으로 400개가 넘는 사업체를 이끌고 있다.

세계 최초로 열기구를 타고 대서양을 횡단하기도 한 브랜슨은 모험을 즐기며 항상 새로운 것에 도전하는 것을 좋아한다. 2010년부터 버진 갤럭틱이라는 프로젝트 아래 민간 우주 여객선 제작과 우주여행 관광을 추진하고 있다. 우주 관광 비용은 1인당 25만 달러 정도인데, 이미 여행 예약이 끝났을 정도로 관심을 받고 있다.

중산층 가정에서 태어난 브랜슨은 어린 시절 글을 제대로 읽지 못하는 난독증으로 고생했으며 심지어 자퇴까지 했다. 하지만 뛰어난 아이디어와 끊임없는 노력으로 버진그룹을 창업하고 세계적인 다국적기업으로 성장시킨다. 그는 재벌 오너라는 타이틀을 뒤로하고 직원들을 배려하며 끊임없이 소통한다. 그래서 영국 사람들이 좋아하는 기업가이기도 하다.

그런 그가 2015년 6월에 중대 발표를 했다.

"지금부터 버진그룹에 근무하는 직원을 위한 육아 휴직을 전면 개편하겠습니다."

브랜슨이 발표한 내용은 매스컴에서 큰 화제가 되었다. 듣도 못한 파격적인 복지 정책이기 때문이었다. 그는 런던에 있는 버진그룹 본사나 영국을 포함해 전 세계에 있는 대형 지사에서 4년 이상 장기 근무한 직원이 육아 휴직을 할 경우 52주간 월급 100퍼센트 전액을 지급하기로 했다. 아울러 4년 미만의 경우는 25퍼센트의 월급을 지급하기로 했다.

앞서 설명했듯 영국에서 법정 육아 휴직 52주 동안 유급 휴가는 39주이다. 그 39주 동안 첫 6주간은 주급의 90퍼센트 나머지 33주 동안은 139.58파운드(20만 원가량) 혹은 주당급수 중에서 낮은 금액으로 지급한다. 이에 비해 버진그룹의 조건은 파격적이었다. 더구나 그는 남녀 구분 없이 자녀를 출산한 직원은 물론 자녀를 입양할 경우에도 똑같은 혜택을 줄 것이라고 발표했다.

이 같은 버진그룹의 육아 휴직은 복지 제도가 좋다고 알려진 세계적인 미국 IT기업들보다 훨씬 좋은 조건이다. 페이스북의 경우 최대 17주간 유급 휴직에 4000달러(약 500만 원)를 지급하며, 구글은 기본 12주 유급 휴가에 최대 18주까지 가능하다. 그 밖에 마이크로소프트는 12주, 트위터는 10주간의 유급 육아 휴직을 보장한다.

버진그룹의 육아 휴직을 전면 개편한 다음 날, 리처드 브랜슨은 인스타그램에 자신의 소신을 밝혔다.

"나 역시 아버지이자 손주 셋을 둔 할아버지로서 처음 아이를 가졌을 때 얼마나 행복한지 그 기분을 잘 알고 있다. 그리고 아이를 양육하는 것이 얼마나 힘든지도 안다. 직원들을 위해 육아 휴직을 제공할 수 있는 것에 대해서 매우 기쁘게 생각하며, 직원들이 육아 휴직을 충분히 활용하고 회사가 좀 더 좋은 방향으로 발전했으면 좋겠다. 오너가 직원들을 배려한다면 직원들은 더 열심히 일에 몰두할 것이다."

영국 중산층 엄마의 남다른 자녀교육법
25

한국에서 재벌, 중산층, 서민으로 계층 구분을 한다면 영국은 이것보다 더 세분화된 신분이 존재한다. 일반적으로 상류층은 어퍼 클래스, 중산층은 미들 클래스, 서민은 워킹 클래스로 나뉜다. 이것을 더 세분화하면 상류층은 어퍼 클래스, 중상류층은 어퍼 미들 클래스, 중중층은 미들 미들 클래스, 중하층은 로우 미들 클래스, 마지막으로 노동자 계급인 워킹 클래스로 구분한다.

현재 영국 사회에서 계급을 정확히 나눌 수 있는 건 아니지만 성장 배경이나 삶의 수준에 따라 어느 정도는 구분이 가능하다. 특히 영국에서는 계층을 구분할 때 재산의 많고 적음이 아니라, 출신 배경이 중요하다. 가난한 노동자 부모 밑에서 자수성가한 사람은 돈이 아무리 많더라도 워킹 클래스라고 생각한다. 그리고 현재 가진 돈이 없는 평범한 사람이라도 명문가 집안이거나 부모가 부유한 중산층인 사립학교 출신이라면 미들 클래스 이상으로 여긴다.

예를 들어 영국 출신 스포츠 선수 중 가장 많은 재산을 보유한 세계적 스타 데이비드 베컴을 영국인들은 절대 어퍼 클래스라고 생각하지 않는다. 요컨대 주방 배관기술자 아버지와 미용사 어머니에게서 태어난 그에게는 워킹 클래스라는 꼬리표가 항상 붙어다닌다.

폴 포츠는 오디션 프로그램 〈브리튼즈 갓 탤런트〉에 출연해 전 세계적으로 유명해졌지만 아버지가 버스 운전기사, 어머니가 마트 직원인 서민 출신 워킹 클래스이다.

영국 왕세자비 케이트 미들턴은 성공한 사업가 아버지 덕분에 재벌 수준의 부유한 가정에서 자라고 사립학교를 졸업했지만 부모의 평범한 출신 배경 때문에 미들 클래스이다. 그래서인지 영국 미디어에서 그녀의 출신 배경을 설명할 때 '평범한(Humble)'이라는 단어를 꼭 사용한다.

출신 배경이나 성장 과정을 중요하게 생각하는 영국인들은 졸부를 경계하고 돈이면 무조건 다 되는 물질만능주의의 미국식 문화를 경멸하기도 한다. 영화 〈타이타닉〉에서 레오나르도 디캐프리오가 맡은 남자 주인공 잭 도슨을 도와주는 몰리 브라운은 실제 인물로서 금광을 발견해 벼락부자가 된 노동자 계급이었다. 영화에서 귀족들이 몰리 브라운을 졸부라며 무시하는 장면을 꽤 볼 수 있는데, 이건 연출된 상황이 아니라 실제로 존재하는 영국의 문화이다. 물론 영국에서 무조건적으로 상류층이 칭송받는 건 아니며, 서민 계급인 워킹 클래스도 나름대로 그들의 삶을 즐긴다. 오히려 워킹 클래스가 어퍼 클래스인 척하면 신분상승주의자 곧 소셜 클라이머(Social Climber)라는 조롱을 받는다.

영국에서는 워킹 클래스 출신으로 성공한 사람들이 많은데, 그들은 본인이 워킹 클래스라고 당당하게 말한다. 아카데미 후보상에 여섯 번이나 노미네이트되고 마침내 81회 여우주연상을 거머쥔 영국 배우 케이트 윈슬렛. 〈타이타닉〉에서 고결하게 자란 귀족을 연기한 것과 달리 그녀는 워킹 클래스 출신이다. 2009년 〈마리끌레르〉 영국판 인터뷰에서는 사람들이 영어 발음 때문에 미들 클래스라고 오해하지만 유년 시절 워킹 클래스로 살았던 즐거운 추억을 밝히기도 했다.

영국인들은 계급에 따라 영어 발음이나 사고와 삶의 방식에서 차이가 있다. 아이들의 교육 방식도 마찬가지다. 상류층에 해당하는 어퍼 클래스나 어퍼 미들 클래스 사람들은 대부분 자녀를 사립학교에 보낸다. 미들 미들 클래스 부모도 아이들을 사립학교에 보내지만 상류층에 비해 많지는 않다. 영국에서 사립학교를 졸업한 학생의 비율은 5~6퍼센트 정도인데, 학비가 비싸다 보니 부모들은 무료 교육인 공립학교를 선호한다. 공립학교를 선택하는 영국 중산층 미들 클래스 부모는 자녀들에게 좀 더 질 높은 공교육을 제공하기 위해 학군 좋은 동네로 이사한다. 그래서 좋은 공립학교가 몰려 있는 지역은 집값이 그만큼 비싸다.

영국 학생들은 16세 되는 11학년 때 중등학교 졸업자격시험(GCSE)을 보는데, 최소 5과목을 선택해 C등급 이상을 받아야 합격한다. GCSE가 중요한 이유는 이 시험에 합격해야 한국의 수능에 해당하는 A-LEVEL(Advanced Level)을 준비할 수 있기 때문이다.

2014년 치른 GCSE 결과를 보면 여학생이 남학생보다 점수가 높고, 학군 좋은 지역 학생들의 점수가 높았다. 중산층이 사는 학군 좋은 지역은 공립학교의 수준도 높을 뿐만 아니라 학교 입학 전 영유아를 위한 교육 시스템도 잘 짜여져 있다. 수영을 비롯해 음악, 무용 등 예체능 교실을 쉽게 찾아볼 수 있고 테니스, 승마 같은 고급 스포츠 교실도 많다. 그리고 영국에서는 지역 교회마다 매주 영유아 놀이 교실이 열리는데, 학군 좋은 지역에 자리 잡은 교회 놀이 교실의 시스템이 확실히 뛰어나다.

그럼 왜 영국 중산층 부모는 아이들을 좋은 학교에 보내려 하는 것일까? 영국에는 '무엇을 아느냐가 아니라 누구를 아느냐가 문제이다'라는 속담이 있다. 영국에서 성공하기 위해서는 인맥이 그만큼 중요하다는 함축적인 의미를 담고 있는데, 좋은 학교일수록 출신 배경 좋은 아이들이 많아 상류층 자제들과 자연스럽게 인맥을 만들 수 있다. 요컨대 이 인맥이 자녀의 미래에 또 다른 성공의 열쇠를 가져다줄지 모른다고 생각하는 것이다.

그렇다면 노동자 계급인 워킹 클래스는 어떨까? 시내를 돌아다니다 보면 손목이나 팔목에 문신을 새기고, 알록달록 화려한 염색 머리를 한 워킹 클래스 엄마들이 담배를 문 채 유모차를 끌고 다니는 것을 자주 볼 수 있다. 이런 워킹 클래스 엄마들은 외식을 위해 아이들을 데리고 맥도널드를 즐겨 찾으며, 어린 자녀가 있더라도 담배를 피우는 데 조금의 거리낌이 없다. 흡연이 자녀의 건강에 얼마나 해로운지 따위는 안중에도 없다. NHS에서 워킹 클래스 엄마들의 높은 흡연율을 줄이기 위해서 임산부를 위한 금연 캠페인을 하고 있는 실정이다. 워킹 클래스 엄마들은 대부분 십대 미혼모이거나 경제 상황이 어려운 빈곤층 또는 이민자가 많다. 영국에서는 자녀가 많은 빈곤층일수록 정부 혜택을 많이 받는데, 그걸 노려서 계획 없이 다산하는 경우도 종종 볼 수 있다.

이런 워킹 클래스 부모들 때문에 영국 내 빈곤하고 위험한 지역의 공립학교 교사들은 골치 아픈 때가 많다. 일단 아이들의 출석률이 너무 낮다. 대부분의 부모들이 자녀가 학교에 가든 가지 않든 별 관심이 없다. 아이들의 출석률이 너무 낮자 정부에서 아이가 학교에 오지 않으면 부모가 벌금을 무는 법을 제정할 정도이다.

학교 교육뿐만 아니라 가정 예절에서도 중산층과 서민은 많은 차이를 보인다. 아무래도 보수적인 중산층은 아이들의 예절 교육에 엄격한 편이다. 식사할 때 포크나 나이프 사용법, 말투, 공공장소에서의 예절을 엄격하게 하는 편이고, 워킹 클래스 부모들은 아이들을 방치하는 경우도 많다.

영국에 비해 한국은 부모의 경제력이나 직업에 상관없이 자녀의 교육에 관심이 많다. 경제적으로 조금 힘든 서민이라도 자녀를 좋은 학교에 보내고 싶어 하고, 더 좋은 교육을 받게 하기 위해 교육비로 지출을 많이 하는 게 일반적이다. 하지만 영국 부모는 계층에 따라 본인들의 경제적 수준과 삶의 수준에 맞게 자녀교육을 한다. 한국 부모의 시선으로 보면 조금 무책임하게 보일 수 있고, 자녀에게 관심이 없는 것처럼 보일 수도 있다. 하지만 영국 부모들은 무조건적으로 자녀교육에 올인하는 한국 부모들의 삶을 이해하기 어려워한다.

교육은 그대의 머리 속에 씨앗을 심어주는 게 아니라

그대의 씨앗들이 자라나게 해준다.

-칼릴 지브란(Kahlil Gibran)

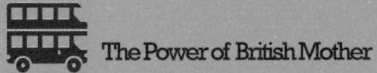

3부
영국식 교육 문화가 건강하고 강한 아이를 만든다

......

'레이디 퍼스트'의 나라 영국에서는 엄마가 유모차를 끌고 나가면 모세의 기적이 펼쳐진다. 달리던 차가 멈춰서 먼저 가라고 양보를 해주기도 하고, 자동문이 없는 곳에서 끙끙거리며 유모차를 밀고 들어가려 하면 어디선가 키다리 아저씨가 나타나 미소를 지으며 문을 잡고 열어준다.

아기와 엄마를 먼저 배려하는
영국인과 영국 사회
26

갓 돌을 넘긴 딸아이와 함께 한국을 찾았다. 친정집에 있을 때는 그나마 괜찮았는데 외출할 때마다 기저귀 가방을 포함해 늘 짐이 한가득이었다. 그 짐에서 가장 큰 부피를 차지하는 것이 바로 아기 식탁 의자였다. 식당에 가기 전 하이 체어 여부를 확인했고, 하이 체어가 없는 경우는 아기 식탁 의자를 가지고 밥을 먹으러 갔다. 그나마 최근에는 하이 체어를 구비한 식당이 많아 편했다.

하지만 화장실은 여전히 불편했다. 영국에는 레스토랑이나 쇼핑몰을 비롯한 대부분 공공장소에 장애인과 유모차를 끌고 다니는 엄마를 위한 전용 화장실이 있다. 이 화장실은 디럭스 유모차를 끌고 들어가도 될 만큼 공간이 넓다. 기저귀 교환대까지 필수로 설치했기 때문에 아기 엄마에게는 정말 유용하다. 한국에서는 백화점이나 패밀리 레스토랑을 제외하고는 엄마들을 위한 이런 전용 화장실이 드물어 외출해서 기저귀를 갈 때마다 정말 곤혹스러웠다. 어쩔 수 없이 휴대용 기저귀 패드판을 챙겨들고 찬 바닥에 딸아이를 눕힌 채 쪼그려 앉아 기저귀를 갈아야만 했다.

　유모차를 끌고 다니기에도 불편했다. 도로에는 턱이 너무 많고 건물 입구에는 계단이 너무 많았다. 결국 엘리베이티를 이용할 수밖에 없었다. 하지만 이것도 만만치 않았다. 영국의 엘리베이터는 휠체어와 유모차 이용자가 우선순위로 지정되어 있다. 그래서 일반인은 주로 계단을 이용하고 엘리베이터 안에는 휠체어와 유모차밖에 없어 다소 한산한 편이다. 하지만 한국 지하철이나 백화점에 있는 엘리베이터는 좁기도 하지만 얼마나 많은 사람들로 북적이는지 결국 유모차를 접어야만 했다.

　영국의 공공장소에는 장애인과 자녀를 동반한 부모를 위한 주차 공간이 법으로 지정되어 있다. 주차 공간은 장애인과 엄마들의 편의를 위해 건물 입구에서 가장 가까운 곳에 있어야 하며, 일반 차량에 비해 훨씬 넓다. 이렇게 넉넉한 주차 공간 덕분에 엄마들은 차 바로 옆에 유모차를 세워둘 수 있고, 차 문을 활짝 열어 카시트에 아이를 앉히기도 수월하다.

　이렇듯 영국은 어느 곳이나 부모를 위한 편의 시설과 복지 시설이 잘 갖춰져 있어 아이들을 데리고 외출하기 편하다. 무엇보다 영국 엄마들의 마음을 한결 더 가볍게 만드는 것은 바로 아기 엄마와 아이들에 대한 사회적 배려이다.

　'레이디 퍼스트'의 나라 영국에서는 엄마가 유모차를 끌고 나가면 모세의 기적이 펼쳐진다. 달리던 차가 멈춰서 먼저 가라고 양보를 해주기도 하고, 자동문이 없는 곳에서 끙끙거리며 유모차를 밀고 들어가려 하면 어디선가 키다리 아저씨가 나타나 미소를 지으며 문을 잡고 열어준다.

임신과 육아를 하다 보면 쉽게 예민해져서 작은 일에도 피곤해지기 쉬운데, 영국에서 육아를 하면 타인의 말이나 오지랖으로 인해 상처받거나 기분 나쁠 일도 없다.

영국인들은 상대방을 고려해 말을 항상 가려서 한다. 아무리 친한 사이더라도 외모를 지적하거나 상대가 들어서 기분 나쁜 농담이나 부정적인 말은 하지 않는다. 남자들끼리는 블랙 유머를 구사해 비꼬아서 말하기도 하지만 여자들 사이에서는 절대 그런 일이 없다.

영국 엄마들은 아이의 외모를 언급하거나 부모 중 누구를 닮았는지 따위를 놓고 한국처럼 농담 삼아 이야기하는 일이 없다. 혹시라도 말을 할 때에는 "아빠의 예쁜 갈색 눈동자를 닮았네"라든지 "엄마의 아름다운 금발 머리를 가졌네" 정도의 칭찬만 할 뿐이다.

함부로 남의 가족계획을 강요하는 오지랖도 없다.

나도 이런 오지랖 때문에 살짝 피곤한 적이 있었다. 연년생을 임신한 걸 알고 영국 지인들에게 알리니, 축하의 말과 함께 터울이 없어서 첫째와 좋은 친구가 될 것이라고 긍정적으로 말해주었다. 그런데 한국 사람들은 축하한다는 말에 이어 곧바로 연년생이 쌍둥이보다 더 키우기 힘들 텐데 어떻게 키울지 걱정이 앞선다는 말을 꼭 했다. 굳이 연년생 육아가 힘들다는 말을 하지 않아도 충분히 걱정하고 있는데, 그런 말을 들으니 임신 자체가 스트레스로 다가왔다.

사람들이 내게 많이 물어보는 것 중 하나가 영국에서 살기 좋으냐는 질문이다. 한국이나 영국 모두 장단점이 있기 때문에 특별하게 영국이 한국보다 살기 좋다고 생각해본 적은 없다. 그런데 두 아이를 영국에서 낳고 키우면서 생각이 바뀌었다. 엄마가 행복한 곳, 엄마를 배려하고 엄마의 인권이 있는 곳, 영국이라는 나라가 좋아지기 시작한 것이다.

영국 아이들이
교실 밖에서 배우는 것들
27

〈마이 퍼스트〉는 2016년부터 새롭게 방송하고 있는 어린이 프로그램이다. 아이들이 새로운 경험을 하며 직접 배우는 체험 학습 프로그램인데, 여기에 나오는 '체험'이라는 게 대단한 것은 아니다. 신생아 동생 돌보기, 정원 가꾸기, 농장 체험, 기차 타기, 박물관 견학, 애완동물 돌보기 등처럼 일상생활 속에서 아이들이 쉽게 접할 수 있는 일들을 체험하는 것이다.

영국 아이들의 체험 학습은 태어나자마자 집에서부터 시작된다. 한국인들의 주거지가 대부분 아파트라면 영국은 주택이다. 영국 주택은 대부분 작고 아담하다. 한국의 아파트나 북미식 주택이 현관문을 열면 바로 주방과 거실이 한눈에 보이는 오픈형인 것에 비해 영국식 주택은 주방, 거실이 모두 분리되어 있는 형태다. 이처럼 공간이 분리되어 있는 영국식 주택에서 아이들은 좀 더 많은 탐색을 하게 된다.

영국의 집에는 정원이 필수적이다. 현관문을 열면 보이는 정원이 아이들에게는 작은 체험 학습장이다. 잔디를 만지고 흙을 밟으면서 놀 수 있다. 집집마다 허브나 딸기, 블루베리 같은 과일을 키우는 집이 많아 직접 따서 먹기도 한다.

5세 미만의 영유아가 있는 집이라면 정원에 반드시 모래와 물 테이블이 있다. 테이블은 위가 오목하게 파여 있어 물이나 모래를 담을 수 있게 되어 있다. 아이들은 그 테이블에서 물과 모래를 가지고 놀며 자연과 친해지는 연습을 한다.

이렇게 집과 정원에서 시작된 영국 아이들의 탐색 놀이와 자연 체험은 가까운 공원과 산책로로 이어진다. 그중에서 최고의 정점은 바로 풋패스(Footpath)이다. 풋패스는 영국 어디에서나 쉽게 접할 수 있는데, 사람이 지나다닐 수 있는 정도의 작은 오솔길을 말한다.

풋패스는 오직 사람들의 산책로로 이용하기 때문에 자전거를 타거나 승마하는 사람들은 다닐 수 없다. 자연 그대로의 모습을 유지하고 있는 이 좁은 흙길을 따라 걷다 보면, 야생 상태에서 자라는 라즈베리나 블루베리를 따 먹을 수도 있고 도토리를 주울 수도 있다. 산새들이 지저귀는 소리와 여기저기에서 불쑥 뛰어나오는 다람쥐, 동화책에서나 봤던 시냇물 징검다리도 만날 수 있다.

내가 살고 있는 동네 곳곳에도 풋패스가 있다. 풋패스를 걷다 보면, 어르신들뿐만 아니라 등하교 시간에는 떨어진 나뭇가지를 손에 쥐고 다니는 아이들을 자주 볼 수 있다. 참고로 한때 한국에서 유행했던 영국 브랜드 헌터는 풋패스 같은 흙길이나 산길을 산책할 때 주로 신는 부츠로 유명하다.

영국 정부는 아이들이 집 밖에서 활동하는 놀이 학습의 중요성을 깨달고 '놀이정책(The Play Strategy)'이라는 캠페인 아래 2008년부터 4500억 원 넘는 비용을 들여서 영국 내 3500여 곳에 놀이터 정비 및 신축 사업을 실시했다. 또한 1973년 세계아동권리협약에 따른 '아이들의 놀 권리'(The Child's Right to Play)에 관심을 가지고, 아동 놀이 단체인 '플레이 잉글랜드(Play England)'를 만들어서 운영 중이기도 하다. 플레이 잉글랜드는 모든 아이들에게는 교육받을 기회와 똑같이 평등하게 놀 권리가 있다는 것을 강조하는 한편, 교실 밖 자연 체험 학습을 장려한다.

내셔널 트러스트에서는 '호기심 많은 아이들을 위한 일급 비밀 장소(Top-Secret Places for Curious Children)'를 소개하고 있다. 살고 있는 지역의 우편번호를 입력하면 아이들의 호기심을 충족시켜줄 수 있는 집 근처의 동굴, 숲, 정원, 공원은 물론 역사적 장소까지 알려준다.

또 이곳에서는 만 12세가 되기 전 '자녀들이 꼭 경험해야 할 50가지 자연 체험 학습'도 소개하고 있다. 그 목록을 살펴보면 나무 오르기, 빗속에서 뛰어다니기, 눈 던지기, 연 날리기, 진흙으로 파이 만들기, 개구리알 찾기, 썰매 타기, 일출 보기처럼 아이들이 정말 쉽게 접할 수 있는 자연 체험이 많다.

영국 아이들의 체험 학습은 어렵지도 않고, 돈이 들어가는 것도 아니다. 놀이터나 자연 상태에서 아이들을 놀게 하는 것이 최고의 체험 학습이라고 생각한다. 요컨대 교실 밖 자연에서 스스로 배우는 것이다.

한국 엄마들도 교실 밖 체험 학습이 얼마나 중요한지 알 것이다. 교실 안에 갇혀 공부하는 것보다 자연에서 직접 체험하고 느껴보는 게 아이들의 상상력을 자극하고 학습력 역시 높일 수 있다. 그뿐만 아니라 자연에서의 체험 놀이를 통해 아이들은 스스로 결정할 수 있고, 독립심을 기를 수 있고, 자신감을 얻을 수 있다.

밖에서 놀다가 다칠까봐 집 안에서만 키우는 양육 방식은 오히려 아이들을 더 나약하게 만들고 위험에 노출시킬 수 있다. 아이들에게 집 밖 자연에서 뛰어다니며 놀게 함으로써 스스로 안전 의식을 배울 수 있는 기회를 주어야 한다.

※ 자녀들이 꼭 경험해야 할 50가지 자연 체험 학습

1. 나무 오르기
2. 높은 언덕에서 굴러내리기
3. 야생 캠핑하기
4. 비밀 아지트 만들기
5. 물수제비 뜨기
6. 빗속에서 뛰어다니기
7. 연 날리기
8. 그물로 물고기 잡기
9. 나무에서 직접 사과 따 먹기
10. 마로니에 열매 깨는 게임하기
11. 눈 던지기
12. 해변가에서 보물 찾기
13. 진흙으로 파이 만들기
14. 개울에 둑 쌓기

15. 썰매 타기

16. 모래사장에 친구 묻기

17. 달팽이 경주시키기

18. 쓰러진 나무에서 균형 잡기

19. 밧줄 그네 타기

20. 진흙 미끄럼 타기

21. 야생 블랙베리 따먹기

22. 나무 속 살펴보기

23. 섬 탐험하기

24. 바람 속에서 나는 기분 느끼기

25. 풀잎피리 만들기

26. 화석과 뼈 찾기

27. 일출 보기

28. 높은 산에 올라가기

29. 폭포 뒤에 가보기

30. 손바닥으로 새에게 모이 주기

31. 곤충채집하기

32. 개구리알 찾기

33. 그물로 나비 잡기

34. 야생동물 추적하기

35. 연못 관찰하기

36. 부엉이 소리로 불러보기

37. 해안가 근처 바위 웅덩이에서 요상한 생물 찾기

38. 나무 키우기

39. 게 잡기

40. 야간에 자연 탐험하기

41. 식물을 직접 키워서 먹기

42. 야생에서 수영하기

43. 래프팅하기

44. 성냥 없이 불 피우기

45. 지도와 나침반으로 길 찾기

46. 암벽 타기

47. 모닥불로 요리하기

48. 레펠 하강하기

49. 지오캐시 찾아보기, GPS를 활용해 보물상자 찾기

50. 강에서 카누 타기

제4차 산업혁명을 준비하고 있는 영국 정부와 아이들

28

 2016년 3월, 한국에서 열린 바둑 대국은 전 세계의 관심을 집중시켰다. 한국 프로 바둑기사 이세돌 9단과 영국에서 탄생한 인공지능(AI) 바둑 프로그램 알파고의 대결. 사람과 컴퓨터의 두뇌 게임이라는 세기의 대결에서 이세돌 9단은 고전 끝에 1승이라는 값진 결과를 얻었다. 세계 랭킹 3위 이세돌 9단을 네 번이나 이긴 알파고와 그것을 만든 사람들의 정체는 과연 무엇일까?

 알파고는 2011년 창립한 영국 벤처기업 딥마인드(DeepMind)가 개발한 인공지능 바둑 프로그램이다. 이 회사의 대표 데미스 하사비스(Demis Hassabis)가 알파고를 계획하고 개발한 인물이다.

 런던에서 태어난 데미스 하사비스는 어릴 적부터 체스 신동이라 불렸으며, 학창 시절 컴퓨터 게임과 프로그래밍에 관심이 많았다. 이러한 타고난 소질로 만 17세가 되던 해 온라인 시뮬레이션 게임 테마파크를 공동으로 개발하기도 했다. 고등학교 졸업 후에는 케임브리지에서 컴퓨터공학을 전공하고, 런던 대학에서 뇌과학 박사학위를 받았다.

데미스 하사비스가 이처럼 어린 시절부터 두각을 나타낼 수 있었던 배경에는 컴퓨터 프로그래밍과 코딩이라는 매개체가 있었다.

코딩이란 간단히 말해 컴퓨터 언어로 프로그램을 짜는 작업을 말한다. 알파고는 코딩 프로그램으로 짜여진 인공지능이다. 코딩은 인간과 로봇을 연결해주는 언어로 미래 세계에서 매우 중요한 매개체가 될 것이다. 프로그램을 만드는 코딩을 통해 아이들은 논리적 사고는 물론 문제 해결 능력, 창의력까지 키울 수 있다.

영국 정부는 컴퓨터 교육의 중요성을 인지하고 지난 2014년을 '코딩의 해'로 정해 학생뿐만 아니라 현직 교사들에게 코딩 교육 연수를 실시하는 등 대대적인 캠페인을 펼쳤다. 그리고 코딩을 정규 과목으로 채택해 만 5세부터 만 16세 고등학생까지 모두 배우도록 했다. 여기에 더해 공영방송 BBC도 영국 정부 및 마이크로소프트사와 손을 잡고 컴퓨터과학 프로그램을 만들어 아이들의 코딩 교육을 위해 앞장서고 있다.

코딩 열풍은 대학까지 점령했다. 옥스퍼드, 케임브리지 같은 명문대를 중심으로 컴퓨터공학이 많은 인기를 모으며, 학교를 졸업한 인재들의 AI 창업 역시 많아지고 있다.

다양한 아이디어와 창의적인 기술로 창업을 준비하는 대학생들을 위해 영국 정부는 지원을 아끼지 않고 있다. 2010년에는 런던 북동부에 테크시티(Tech City)를 조성했는데, 2016년 현재는 1500개의 벤처 기업들이 몰려 있다.

인공지능을 개발하는 기술력보다 그 기술력을 갖춘 벤처 회사를 인수하는 것이 기업에서는 더 유리하기 때문에 구글, 애플, 페이스북, IBM 등 세계적인 기업들은 특히 영국을 주목하고 있다. 이에 영국 정부는 크고 작은 AI 벤처기업을 인수합병하거나 투자 지원을 하는 데 적극적이다.

애플은 2015년 케임브리지 학생들이 만든 인공지능 스타트업 보컬 IQ(Vocal IQ)를 인수했다. 보컬 IQ는 인간의 부정확한 발음을 이해할 수 있도록 개발한 음성 인식 인공지능 프로그램이다. 보컬 IQ는 기계와 인간의 자연스러운 대화를 위한 프로그램으로 애플의 음성 인식 서비스 시리(Siri)를 좀 더 업그레이드시킬 수 있을 것으로 전망된다.

보컬 IQ의 확장성은 여기에서 그치지 않는다. GM의 자동차에도 사용하는데 운전자가 별다른 조작 없이 목소리만으로 와이퍼를 작동할 수 있고, 라디오를 켜는 것은 물론 볼륨까지 조절할 수 있다.

또한 마이크로소프트는 케임브리지 학생들이 만든 스위프트 키(Swift Key)를 인수했다. 스위프트 키는 인공지능으로 컴퓨터 자판을 자동 완성하는 스마트 키보드 앱이다. 이 기계는 스티븐 호킹 박사의 휠체어 컴퓨터에도 설치되어 있는데, 영어를 포함해 전 세계 100여 개의 언어를 지원한다. 그뿐만 아니라 전 세계적으로 3억 대 넘는 스마트폰에 설치되어 있어 그 확장성이 무궁무진하다.

18세기 영국에서는 석탄, 철 같은 지하자원을 바탕으로 농업에서 면직물 및 제철 공업으로 주요 산업이 바뀌었다. 이때 생산한 제품을 좀 더 빨리 운송하기 위해 철도와 증기기관차를 발명했으며, 이것이 바로 제1차 산업혁명의 시작이다. 그리고 19세기 말~20세기 초 미국에서 전기를 발명하고 자동차 등의 대량 생산 시대를 열었다. 이렇게 시작된 제2차 산업혁명은 미국을 새로운 경제 강국으로 탄생시켰다.

그리고 제3차 산업혁명은 반도체, 컴퓨터와 인터넷의 발명으로 시작된 디지털 혁명이었다. 디지털 사회의 개막으로 우리는 방대한 정보화 시대에 살게 되었고, 세계는 급속도로 변화하기 시작했다.

이제는 제4차 산업혁명이 눈앞에 다가오고 있다. 제4차 산업혁명의 핵심은 바로 인공지능, AI이다. 인공지능 시대가 열리면 이제까지 인간이 경험하지 못한 신세계가 펼쳐질 것이다. 이에 따라 IT 산업이 더욱더 번창할 것이다. 이는 곧 인공지능과 대화할 수 있는 프로그래밍 언어, 코딩이 매우 중요하다는 뜻이다.

이처럼 코딩 교육은 내 아이의 미래, 성공의 열쇠를 의미한다. 현재 영국 정부는 아이들의 미래를 위해 앞장서 제4차 산업혁명을 준비하고 있다.

영국의 지브라 크로싱은
유모차도 춤추게 한다
29

갓난아기를 둔 한국 엄마에게 없어서는 안 될 필수품이 바로 아기띠이다. 나 또한 아이를 낳고 한국에서 가장 인기 좋다는 아기띠를 친구한테 선물 받아 첫딸의 백일 무렵부터 착용해봤다. 근데 딸아이의 반응이 싸늘해 몇 번 사용하지도 못하고 그대로 옷장에 넣어두었다. 그러곤 두 번 다시는 아기띠를 착용하지 않았다. 아기가 싫어하는 걸 굳이 할 필요는 없다고 생각했기 때문이다.

아기띠를 다시 사용한 것은 한국 방문 때였다. 딸아이를 아기띠 없이 힘들게 안고 다니는 나를 본 새언니가 자신의 것을 내준 것이다.

"영국에서 아기띠 없이 어떻게 살았어?"

"아기띠 없이도 불편한 줄 몰랐어요."

"아기띠가 얼마나 편한데. 아기띠를 매면 낮잠도 자유롭게 재울 수 있고, 외출도 마음대로 할 수 있다고. 그뿐 아니라 청소하기도 쉽고 요리하기도 쉽고… 좋은 게 한두 가지가 아니야."

새언니의 말대로 아기띠는 정말 좋고 편했다. 이 좋은 것을 왜 그동안 사용하지 않았는지 후회가 될 정도였다.

영국에도 아기띠를 비롯해 슬링(Sling)과 베이비 캐리어(Baby Carrier)를 하는 엄마들이 더러 있긴 하다. 하지만 한국에서처럼 보편적이지는 않다. 한국에서 아기띠가 육아 필수인 이유는 엄마 혼자 육아를 전담하는 시간이 길기 때문이 아닐까 싶다. 아기띠를 하면 양손을 자유자재로 사용하며 집안일을 하기 편하기 때문이다.

한국에서 아기띠가 왜 필요한지 절실히 느끼려면 아기와 함께 외출해보면 된다. 아기띠 없이 유모차를 끌고 인도를 조금만 걷다 보면 수없이 높은 턱과 건물 입구에 한없이 펼쳐져 있는 높은 계단들을 마주한다. 도저히 유모차를 끌고 다닐 수 없는 환경이다.

아기 엄마들이 자주 드나드는 산부인과나 소아과 입구조차 계단이 높아 유모차를 끌고 들어갈 수 없는 곳이 많다.

영국에서는 공공건물뿐만 아니라 대부분의 일반 건물에도 계단과 턱이 없는, 휠체어나 유모차 전용 입구가 있다. 건물뿐이 아니다. 거리를 돌아다녀도 유모차를 가지고 다니기가 얼마나 편한지 알 수 있다.

영국에는 특별한 횡단보도가 있다. 펠리칸 크로싱과 지브라 크로싱이다. 먼저 펠리칸 크로싱(Pelican Crossing)은 보행자가 버튼을 눌러서 신호등을 조절할 수 있는 횡단보도를 말한다.

이에 비해 지브라 크로싱(Zebra Crossing)은 보행자가 지나가면 차량이 무조건 멈춰야 하는 보행자 중심 횡단보도이다. 이 횡단보도에는 파란불이 있는 일반 신호등 말고 노란색 불만 깜박거리는 신호등이 설치되어 있다. 이곳에서 길을 건널 때는 좌우로 차가 오는지 확인하기만 하면 되기 때문에 좀 더 편안하다.

이 두 횡단보도에서 운전자가 신호 위반을 했을 경우에는 60파운드의 벌금과 동시에 벌점 3점을 받는다. 영국에서는 벌점 12점을 받으면 운전면허가 취소되기 때문에 3점이라는 벌점은 무척 큰 편이다. 그래서 이 두 곳에서 좀처럼 신호 위반을 하지 않는다.

<u>대중교통을 이용하는 것도 훨씬 수월하다. 일단 버스의 높이가 낮아 유모차를 끄는 부모나 휠체어를 탄 장애인들이 오르내리기 쉽다. 그리고 버스 내부에 유모차나 휠체어를 세워둘 수 있는 전용 공간이 있어 엄마들의 수고를 훨씬 덜어준다.</u>

유모차를 끌고 버스를 탔다며 눈치를 주는 무뢰한 승객도 없다. 오히려 유모차를 끌고 탄 엄마들을 위해 자리를 양보하는 게 아주 일반적이다. 버스 기사는 휠체어를 탄 장애인이나 유모차를 끌고 탄 엄마들을 위해서 버스의 높이를 조작해 인도 턱과 도로 사이에 바퀴가 빠지지 않도록 정차해준다.

내가 영국에서 처음으로 유모차를 끌고 버스를 탔을 때의 일이다. 유모차를 제대로 끌지 못해 버스와 인도 사이의 틈에 바퀴가 빠지고 말았다. 순간 너무나 놀라 억지로 바퀴를 빼내려고 혼자 안간힘을 쓰는데, 버스 기사가 운전석에서 내리더니 친절하게 유모차를 번쩍 들어 꺼내주었다. 버스 기사의 친절과 배려에 절로 고개가 숙여지는 순간이었다.

마지막으로, 어린 자녀를 데리고 영국 여행을 하는 엄마들에게 아기띠가 아닌 유모차를 꼭 가져오라고 말하고 싶다. 유모차를 끌고 자유롭게 어디라도 씽씽 달려갈 수 있는 그런 경험을 꼭 공유하고 싶기 때문이다.

영국은 싱글맘도
당당하게 아이 키우는 나라
30

불행한 결혼생활을 유지하는 내 친구가 있다. 그 친구는 몇 년째 하루에도 몇 번씩 이혼을 생각하지만 선뜻 결정을 못 내리고 있다. 이혼을 못하는 가장 큰 이유 중 하나는 아이들 때문이다. 남편과 헤어지면 자신이 짊어질 삶의 무게보다 자녀들이 받을 상처가 더 걱정스럽다고 한다. 실제로 한국에서는 이혼을 하는 순간부터 당사자는 물론 자녀에게도 하나의 큰 약점이 된다.

영국 BBC의 영유아 방송 씨비비즈(Cbeebies)의 〈우리 가족(Our Family)〉은 각자 다른 가족 구성원으로 이루어진 어린이 9명의 일상생활을 담은 프로그램이다. 먼저 일곱 살인 샬롯은 두 살 어린 다운증후군 여동생이 있다. 다섯 살인 이바는 엄마와 새아빠, 그리고 얼마 전 새아빠와 엄마 사이에서 태어난 남동생과 함께 살아간다.

샬롯과 이바는 하루하루 행복하게 살고 있다. 장애인 여동생이 있다고,

혹은 새아빠라서 위축되거나 그늘진 모습은 전혀 찾아볼 수 있다. 영국에서는 친부모와 친자녀라는 걸 최고의 이상적인 가족 관계라고 여기지 않는다. 세상에는 다양한 가족 관계가 있다는 것을 인정하고 이혼 자체를 부정적으로 생각하지도 않는다.

물론 이혼이 부부관계에서 최선의 선택이라고는 말할 수 없다. 하지만 영국에서는 가족의 중심인 부부가 행복해야 자식들 역시 행복하게 키울 수 있다는 생각이 강하기 때문에 '아이들 때문에 참고 산다'는 한국적 사고방식을 이해하기 힘들어한다. 이런 분위기는 기성세대뿐만 아니라 젊은이도 마찬가지이다.

최근 영국 가족법률센터의 설문조사 결과에 따르면 영국 청소년의 82퍼센트가 부모의 이혼에 대해 크게 거부감을 드러내지 않았다. 부모의 결혼생활이 불행하다면 아빠와 엄마가 각자의 행복을 찾아서 또 다른 삶을 시작하는 게 옳은 선택이라고 말했다.

나는 아이를 키우면서 영국 싱글맘들을 꽤 만났다. 싱글맘인지 여부를 알려면 바로 왼손을 확인하면 된다. 영국 기혼 여성들은 왼손 네 번째 손가락에 약혼반지와 결혼반지 두 개를 함께 낀다. 물론 가끔 결혼반지만 한 경우도 있기는 하다. 영국 여성들에게 결혼반지와 약혼반지는 '내가 한 남자의 아내가 되었다'는 큰 의미를 지니고 있기 때문에 결혼식 순간부터 결혼생활 내내 빼지 않고 늘 끼고 다닌다. 이에 비해 영국 기혼 남성들에게 결혼반지는 개인의 취향이기 때문에 착용을 안 하기도 한다.

한국 엄마들은 출산과 육아를 경험하면서 결혼반지를 안 하는 경우가 꽤 흔한 편인데, 영국 엄마들은 출산할 때는 물론 신생아 육아 때도 항상 착용한다.

　아이를 키우고 있는데 반지를 끼지 않은 엄마는 결혼을 안 한 상태에서 아이를 낳은 미혼 여성, 혹은 이혼을 해서 혼자 아이를 키우는 싱글맘이다. 결혼반지를 착용하지 않은 싱글맘과 대화를 할 때 남편이라는 말을 하면 큰 실례가 될 수 있기 때문에 파트너라고 물어보는 것이 예의이다.

　영국에서 만난 싱글맘들은 하나같이 혼자서 아이를 키운다는 사실에 당당하며 행복한 모습이다. 싱글맘들은 자신의 일을 열심히 하면서 주말에는 데이트를 즐기기도 한다. 영국에서는 이혼했다고 쉬쉬하면서 숨기지도 않고 딱히 흉이 되는 것도 아니다. 내 아이가 한 부모 자녀라고 놀림을 당하고 손가락질당하거나 위축될까 걱정하지 않아도 된다. 영국에서 이혼은 절대로 약점이 될 수 없다.

　〈부모님이 이혼했어요〉는 2013년 영국 BBC에서 제작 방영한 이혼 가정에 대한 다큐멘터리이다. 이 다큐멘터리는 4명의 영국 청소년이 부모의 이혼을 어떻게 받아들이고 극복하는지를 잘 보여준다.

　부모의 이혼 때문에 힘들어하는 자녀도 있고, 아직 부모가 서로 사랑한다며 언젠가는 다시 재결합할 거라고 생각하는 자녀도 있다. 이 다큐를 보면 이혼한 부모와 그 가정에서 일어나는 일 때문에 아이들이 상처를 받기는 하지만, 사회나 학교에서 한 부모 가정의 자녀라는 이유로 부당한 대우를 받는 경우는 없다.

　단지 조금 다를 뿐인데, 한국에서는 일반적인 틀을 벗어나면 무엇인가 잘못됐다는 부정적인 시선으로 바라본다. 이혼도 그중 하나인 것 같다. 특히 싱글맘에게는 이혼하는 과정에서 생기는 상처보다 사회적인 시선에서 받는 상처가 더 큰 듯하다.

《해리 포터》를 집필한 영국 출신 소설가 J. K. 롤링은 세계에서 가장 유명한 여성 중 한 명이다. 1초마다 5파운드를 번다는 그녀의 자산은 한화로 약 1조 원이 넘으며, 2001년에는 〈포브스〉가 선성한 전 세계 저명인사 100명 중 25위를 차지했다. 지금은 명성과 부를 양손에 거머쥔 그녀에게도 혹독한 싱글맘 시절이 있었다.

포르투갈에서 영어 교사로 일하던 20대 시절, 현지에서 만난 포르투갈 언론인과 사랑에 빠져 결혼했지만 3년 만에 파경을 맞았다. 더는 포르투갈에 남아 있을 이유가 없었던 J. K. 롤링은 영국으로 돌아왔다. 하지만 현실은 돈 한 푼 없는 가난한 이혼녀였다.

그녀는 영국 정부의 보조금으로 생활하면서 소설에 몰두해 세계적인 베스트셀러 작가가 되었다. 언론과의 인터뷰에서 롤링은 그 당시를 회상하며 힘든 상황에서도 희망을 안고 살아갈 수 있었던 것은 딸의 존재와 싱글맘을 위한 영국의 사회적 배려 덕분이라고 말했다. 그 인터뷰 글을 읽으면서 만약 그녀가 한국 싱글맘이었다면 과연《해리 포터》가 탄생할 수 있었을까 하는 생각을 해본다.

영국인과 영국 사회가 아동 학대에 대처하는 자세와 방법
31

2016년 대한민국을 떠들썩하게 한 두 사건이 있었다. 먼저 부천 초등학생 토막 살인 사건. 이 사건의 범인이 친아버지였다는 사실은 충격적이었다. 더욱 놀라운 것은 바로 사회의 무관심이었는데, 4년 전부터 학교에 나오지 않은 아이를 그 누구도 의심하지 않았다는 사실이다.

또 다른 사건은 3개월 된 딸을 침대에서 떨어트려 고의로 사망하게 한 일이다. 그 뉴스를 인터넷으로 클릭했지만 읽어나가기가 너무 힘들었다. 엄마가 된 이후로 아동 학대와 관련한 뉴스를 보면 정말 마음이 찢어지게 아프다. 악마가 아니고서야 아홉 달을 귀하게 품고 낳은 자식한테 어떻게 저런 못된 짓을 할 수 있을까 싶어 소름이 끼쳤다.

영국에서는 아이가 하루라도 무단결석할 경우, 학칙 위반으로 엄격하게 관리하고 부모는 벌금까지 내야 한다. 벌금은 60파운드(한화 약 11만 원)인데, 21일 안에 내지 않으면 과태료가 붙어 120파운드로 벌금이 불어난다.

이 벌금도 물지 않으면 28일 이후에는 기소를 당한다. 기소당하면 2500파운드의 벌금에 3개월 동안 사회봉사 활동이나 감옥 생활을 해야 한다. 교사 역시 학생들의 무단결석을 보고하지 않거나 아동 학대 의심이 드는데도 교육청에 신고하지 않으면 5년의 징역형을 받는다.

영국은 1933년 아동학대법을 시행했다. 하지만 아동 학대에 대해 영국 정부와 국민이 강한 경각심을 갖게 된 건 바로 2000년 발생한 빅토리아 클림비(Victoria Climbie) 사건 이후이다.

아프리카 코티드부아르 출신의 만 8세이던 빅토리아가 어느 날 병원 중환자실에 실려왔다. 당시 빅토리아는 온몸이 상처투성이에 저체온증과 장기 손상, 영양 실조의 실신 상태였다. 결국 입원한 지 하루 만에 빅토리아는 사망했다. 사망 원인은 보호자이던 이모할머니와 할머니 남자 친구의 학대 때문인 것으로 밝혀졌다. 영국 경찰은 곧바로 그들을 체포했다. 자백에 의하면 그들은 빅토리아를 담뱃불로 지지기도 하고, 24시간 넘게 꽁꽁 묶어 감금하기도 하고, 자전거 체인이나 와이어 망치로 때리기도 했다.

이 사건을 언론에서 대대적으로 보도하자 영국 사회는 큰 충격에 휩싸였다. 특히 빅토리아가 죽기 전 아동보호센터의 도움을 받을 수 있는 기회가 있었음에도 불구하고 이를 막지 못했다는 사실이 알려지자 국민의 원성이 높아졌다. 정부는 빅토리아가 죽기 전까지 아동 보호 기관이나 사회단체가 제대로 활동했는지 조사에 들어갔다. 65억 가까운 비용을 투자하며 2년이라는 긴 시간이 흘렀다. 그리고 빅토리아 클림비 사건을 거울 삼아 기존의 아동법을 강화했다. 참고로 현재 빅토리아의 이모할머니와 남자 친구는 무기징역형을 선고받고 감옥에 수감 중이다.

영국에서 자녀를 학대해 사망에 이르게 할 경우 20~30년의 징역형을 선고받는다. 2015년에는 신체적 학대뿐만 아니라 정신적 학대를 했을 경우 징역 10년형을 선고할 수 있는 신데렐라법(Cinderella Law)을 제정했다. 신데렐라법은 훈육을 핑계로 자녀에게 폭언과 모욕, 정서적 폭력을 일삼는 부모를 애초에 방지하겠다는 뜻이 담겨 있다.

영국에서는 부모로부터 학대를 방지하기 위해 자녀 훈육에 대한 법이 확실하다. 영국 아동학대법에 따르면 부모의 '이유 있는 체벌'은 가능하지만 몸에 상처 혹은 멍이 들거나, 벨트나 회초리 같은 도구를 이용해 때릴 수 없다. 흥미로운 점은 부모 동의하에 조부모나 베이비시터가 체벌을 하는 것은 합법이라는 것이다.

아동 학대로 부모가 징역형을 살게 될 경우 아이들을 돌볼 수 있는 조건을 갖춘 친인척이 있다면 그 집에서 지내게 된다. 하지만 연고가 없는 경우에는 지역 관할 보호센터에서 아이들이 안전하게 지낼 수 있도록 위탁가정을 찾아 수양 부모를 연결해준다. 그리고 정부에서는 아이들을 돌봐주는 친인척이나 수양 부모에게 양육 수당을 지급한다.

영국에서는 가정뿐만 아니라 학교에서의 아동 학대를 방지하기 위해서 공립학교는 1986년부터 사립학교는 1998년부터 교사들의 체벌을 금지했다. 그리고 말썽을 일으키는 문제 학생들을 올바로 지도하기 위해 훈계의 기준을 정확히 명시했다. 예를 들면 교사 상담, 학부모 공문 편지, 수업이나 그룹 활동 제외, MP3 플레이어나 휴대폰 등 수업에 불필요한 물건 압수, 방과 후 남게 하기 등의 항목이 그것이다.

영국에서는 물리적 체벌뿐만 아니라 아이를 혼자 방치하는 경우도 아동 학대로 정의한다. 영유아의 경우 절대 집에 혼자 놔두면 안 된다. 만 12세부터는 보호자 없이 자녀들을 낮 시간 동안 혼자 둘 수 있지만, 저녁 이후에는 만 16세까지 보호자가 무조건 함께 있어야 한다.

사정이 이렇다 보니 아이를 재워두고 외출했다며 SNS에 인증글을 남기는 한국 엄마들을 보면 정말 충격이 아닐 수 없다. 엄마들은 아이가 한 번 자기 시작하면 통잠을 잔다며 아주 잠깐의 외출임을 강조한다. 그리고 스마트폰으로 아기 CCTV 앱을 다운받아 밖에서도 확인 가능하다고 말한다. 하지만 이는 혼자 남겨진 어린 자녀가 집에서 불의의 사고를 당할 경우 곧바로 조치를 취할 수 없는 아동 방치이자 학대 행위일 뿐이다.

영국 부모들은 자녀의 안전을 위해 만 11~12세 때까지 등하교를 함께 하는 것을 선호한다. 그래서 맞벌이 부부는 차일드 마인더(Childminder)를 고용하는 것이 일반적이다. 차일드 마인더는 아이들의 등하교를 책임지는 파트타임 육아 도우미로 보면 된다. 맞벌이 부부가 출근하면서 차일드 마인더의 집으로 아이들을 데려다주면, 차일드 마인더는 등교 시간에 맞춰 아이들을 학교에 데려다주고 하교 시간에 맞춰 아이들을 데리고 온다. 그리고 부모가 퇴근할 때까지 자신의 집에서 숙제를 봐주거나 놀이를 하면서 보살핀다.

사실 가정 내 아동 학대는 부모가 알코올 중독이나 약물 중독 등 정신적으로 문제가 있는 경우도 있지만, 지극히 정상적이고 평범한 부모라도 어린 자녀를 온종일 육아하다 보면 맨정신으로 버티기 힘들어 본인도 모르게 손이 올라가거나 윽박지를 때가 있다. 그리고 어린 자녀가 잠에 든 모습을 보면서 '내가 왜 그랬을까? 난 나쁜 엄마인가?' 하면서 자책하게 된다.

나 역시 아이가 이유 없이 보채거나 온종일 징징거리면 정신적 한계에 부딪쳐 미쳐버릴 것 같은 순간이 종종 있다. 그래서 아이에게 소리치고, 화를 내고 싶을 때도 많다. 이럴 때는 순간적인 분노를 참지 못해 자녀를 학대하는 최악의 상황까지 발생할 수 있다.

영국아동학대방지협회(NSPCC)에서는 어린 자녀를 육아하는 엄마들이 화를 다스리고 자녀 학대까지 가는 불상사가 없도록 스트레스 줄이는 노하우를 공유하고 있다. 대부분 휴식을 취하고 좋아하는 음악을 듣거나 사람들과 소통을 하면서 스트레스를 줄이라는 등의 특별할 것 없는 노하우이지만 마지막에 인상 깊은 문구가 있다.

"기억하세요. 지구상 그 누구도 스트레스나 좌절 없이 부모가 될 수 있는 사람은 없습니다. 혼자만 힘들다고 생각하지 마세요. 지금은 아이가 커 가는 잠깐의 과정일 뿐이에요."

가끔 뉴스나 시사 프로그램을 보면 분명 가정 내에서 양부모나 친부모로부터 학대를 받고 있지만, 아이들은 정말 그것을 사랑이라 믿고 학대받고 있다는 것조차 깨닫지 못하는 경우가 있다. 이런 일을 예방하기 위해 영국아동학대방지협회에서는 아이들을 대상으로 아동 학대 방지 캠페인도 활발하게 벌이고 있다. 아이들이 아동 학대가 무엇인지 정확히 알고, 폭력으로부터 본인 스스로를 지킬 수 있도록 하는 것이다.

여기서 짚고 넘어가야 할 사실 하나. 부모가 자녀에게 신체적과 정신적 아동 학대에 대해 설명하기는 어느 정도 쉽지만 성적 학대에 대해 설명하기에는 정말 난감하다. 하지만 요즘은 아동 성폭력 범죄가 워낙 빈번해 이는 아이들이 꼭 알아야 하는 필수항목이다.

그래서 영국아동학대방지협회에서는 2010년부터 '팬츠(Pants)' 캠페인을 벌이고 있다. 미국 영어에서는 'Pants'가 '바지'를 뜻하지만, 영국 영어에서는 '팬티'나 '속옷'을 의미한다. 어린 자녀들에게 성적으로 어렵고 난감한 단어를 사용하지 않고 아동 성폭력을 설명하면서 예방할 수 있도록 한 캠페인이다. 누군가가 부적절한 행동을 시도하려 할 때 어린이가 그 상황을 인지하고 거부할 수 있도록 하는 것이 목적이다. 팬츠 캠페인은 앞글자를 따서 다섯 개 항목으로 나뉜다.

※P-Privates are private!(소중한 부분은 나만의 것!)

팬티 같은 속옷을 입는 부분은 아주 중요한 신체 부위이다. 그 누구라도 만지려 하거나, 보여달라고 하면 무조건 "NO"라고 말하도록 가르친다. 물론 병원에서 의사나 간호사, 목욕할 때 엄마 아빠는 볼 수 있다고 이야기해준다. 'privates'라는 단어는 '급소'의 뜻이 담겨져 있다.

※A-Always remember your body belongs to you!(내 몸은 나의 것!)

자녀에게 "내 몸은 내 것"이라는 사실을 확실하게 알려준다. 그 누구라도 내 기분을 상하게 하면서 내 몸을 마음대로 하려고 할 경우 단호하게 "NO"라고 말하도록 가르친다.

※N-No means no!(안 된다면 안 되는 것!)

본인이 원하지 않는 신체적 접촉을 하려 할 때는 가족을 포함한 그 누구에게도 "NO"라고 확실하게 말하도록 가르친다. 이를 통해 어린이는 자기 몸을 스스로 지키고 가족에게 존중받고 있음을 느낄 수 있다. 또한 가정 내에서 이런 경험을 자연스럽게 겪으면 혹시나 예상치 못한 상황이 오더라도 당당하게 "NO"라고 외치며 그 상황을 모면할 수 있다.

※ T-Talk about secrets that upset you!(나쁜 비밀은 꼭 이야기해!)

어린 자녀에게 좋은 비밀은 깜짝 파티나 선물같이 기분 좋은 것이지만, 나쁜 비밀은 걱정되고 불안하고 기분을 나쁘게 만드는 것이라고 알려준다. 즉 '좋은 비밀(Good Secrets)'과 '나쁜 비밀(Bad Secrets)'의 차이점을 분명하게 설명해 준다. 아동 성범죄자들은 주로 "이건 우리 둘만의 비밀이야" 하면서 아이들에게 다른 사람이 알면 절대 안 되는 것처럼 협박한다. 따라서 어린 자녀에게 혹시나 나쁜 비밀이 생기면 꼭 부모에게 말해야 한다고 가르쳐야 한다. 또한 나쁜 비밀을 털어놓는다고 해서 아이가 알고 있는, 또는 사랑하는 사람이 다치거나 불행해지지 않는다는 사실도 꼭 알려줘야 한다.

※ S-Speak up, someone can help!(하고 싶은 말이 있으면 꼭 얘기해!)

슬프고 걱정되고, 뭔가 두려운 상황이 생기면 믿을 만한 사람에게 꼭 말해야 한다고 아이에게 이야기한다. 꼭 엄마 아빠가 아니어도 괜찮다고 말해준다. 선생님이나 친구의 엄마 아빠도 괜찮으니 그 무서운 상황이 어떤 건지, 무서운 문제가 무엇인지, 자신의 잘못이 아니라고 가르친다. 또한 말을 한다고 해서 어떤 문제가 일어나지는 않는다는 것도 반드시 말해주어야 한다.

영국에서는 아동 학대 방지와 차단을 위해 끊임없이 노력 중이다. 아동 학대를 하는 사람에게는 실형을 선고하고, 아동들에게는 스스로 본인을 지킬 수 있도록 적극적인 캠페인을 한다.

한국에서 하루가 멀다 하고 터지는 아동 학대 사건을 보노라면 아이를 기르는 엄마 입장에서 눈물이 나고, 분노가 치솟는다. 언제쯤이나 솜방망이 처벌이 없어지고 아동 학대라는 말이 우리 곁에서 사라질지 가끔 가슴이 먹먹해진다.

노산과 난임에 대처하는 영국 정부의 자세
32

 딸에게 아침 이유식을 주며 〈아이티비 굿모닝 브리튼〉을 시청하고 있을 때였다. 50대 중반이 넘은 할머니가 아기와 함께 나왔다. 근데 방송을 계속 시청하다 보니 그 여자는 할머니가 아니라 티나 말론이라는 이름의 아기 엄마였다.

 17세라는 이른 나이에 첫딸을 출산한 그녀는 오랜 세월 워킹맘으로 살다 뒤늦게 둘째를 갖기로 했다. 그래서 시험관 아기 시술로 둘째 아이를 낳았다. 그날 그녀는 방송에서 노산의 경험과 육아에 대해 솔직하게 말했다.

 "노산이라서 힘든 것보다는 경제적으로 안정된 50대에 늦둥이를 본 게 행복합니다."

 내게는 약간 충격이었다. 그런데 그녀에 대한 인터뷰가 끝나자 이 프로그램의 공동 진행자 샬롯 호킨스도 자신이 마흔 살에 첫아이를 출산했다고 고백했다.

영국은 산업혁명을 기점으로 여성들의 사회 진출이 점점 활발해짐과 동시에 출산 연령도 높아지고 있는 실정이다. 첫아이를 낳는 여성의 평균 연령은 28세이며, 지난 20년간 출산한 여성 대부분이 30대 이상이었다. 그래서 40대의 초산이 영국에서는 뉴스거리조차 되지 않는다. 최근에는 40대 이상 출산율이 예전에 비해 33퍼센트 증가했을 정도이다.

사회적 우려와 달리 영국 여성들은 고령 출산에 대한 만족도가 높은 것 같다. 사회적 지위는 물론 경제적으로도 많이 안정되기 때문일 것이다. 하지만 이런 입장과 달리 영국 NHS에서는 이런 '늦은 엄마(Older Mums)'를 부담스러워하고 있는 게 현실이다. 노산이다 보니, 20~30대 젊은 엄마들에 비해서 산전 검사 항목이 늘어나고, NHS가 부담해야 하는 의료비 지출 또한 많아졌다. 출산 병동의 미드와이프도 젊은 산모에 비해 고령 산모들한테 심적으로 압박감을 많이 느낀다고 한다.

2015년에는 40대 이상의 고령 출산 때문에 영국 전역에 미드와이프가 2500명 더 필요하다는 발표가 있었다. 한 영국 언론은 이런 현상을 다음과 같이 비난해 큰 논란을 가져왔다.

"영국 여성들의 고령 출산은 의료비가 무료인 국가 정책과 NHS에게 부담을 주려는 이기적인 행동이 아닐까? 또한 영국 여성들이 아기를 원한다고 해서 나이에 상관없이 출산할 권리가 있는지 의문이다."

영국에서는 요즘 50명 중 1명꼴로 시험관 아기가 태어나고 있다. 난임 때문에 고통 받는 사람들이 현대 과학의 힘을 빌려서라도 자식을 갖고 싶기 때문이다. 웨일스와 잉글랜드에서는 난임 여성들이 시험관 아기 시술을 무상으로 받을 수 있다. 물론 무상이라고 해서 임신을 원하는 모든 여성이 시험관 시술을 받을 수 있는 건 아니다. 여기에는 엄격한 규정과 까다로운 절차가 있다.

35세 이하로 나이를 제한하는 지역도 있다. 이미 자녀가 있거나 그 전 결혼이나 관계에서 자녀가 있는 경우, 적정 몸무게가 아닌 과체중 또는 저체중 여성, 흡연 여성은 시험관 아기 시술 혜택에서 제외될 수도 있다. 그래서 무료 시험관 아기 시술 받기가 복권 당첨과 똑같다며 불만을 토로하는 난임 부부가 많다. 그도 그럴 것이 NHS가 아닌 일반 사립 병원을 이용할 경우 천문학적 금액이 들기 때문이다. 적게는 1회 1000만 원에서 많게는 3000만 원까지 드는 게 현실이다.

얼마 전 시험관 아기 시술로 최소 7만 파운드(약 1억 3000만 원)를 지출했다는 43세 난임 여성에 대한 뉴스를 본 적이 있다. 그녀는 만 34세부터 임신을 계획했지만 끊임없이 실패해 결국 집을 담보로 은행에서 대출까지 받았다. 대출이 불가능해지자 가족과 친구들에게 돈을 빌려 시험관 시술을 계속 받았다. 그녀는 영국 화폐의 가치는 이제 한낱 종잇조각에 불과하다며 불임 및 난임 여성들에 대한 영국 사립 병원의 바가지를 고발했다. 그러면서 그녀는 자신의 선택에 절대 후회는 없다고 했다.

"나는 지금도 여전히 아이를 원해요."

뉴스를 보는 내내 가슴이 뭉클했다. 아기를 갖고 싶어 하는 것은 영국 여성이나 한국 여성이나 다를 게 없는 것 같다.

로또 당첨과 같은 NHS의 무료 시술, 너무나 비싼 사립 병원의 시험관 아기. 그래서 영국에는 반강제적으로 아이 없는 삶을 선택하는 부부가 점점 많아지고 있다. 최근 영국에서 인기 있는 영국 차일드 프리 협회(British

Child Free Association)는 아이 없이 사는 부부를 위한 비영리 친목 단체이다. 이들은 자녀가 없다고 불행하다고 생각하지 않는다. 자녀 없이도 부부만의 행복한 삶을 추구할 수 있다고 믿는다.

노산과 난임에 대처하는 영국 정부의 자세는 우리에게 많은 것을 시사한다. 한국 또한 날이 갈수록 초산 연령이 높아지고 있다. 이런 현상을 정부 차원에서 해결하려는 노력과 시스템을 구축하지 않는다면 인구 감소를 막을 수 없을 것이다.

외모 차별 없이 자라나는
영국 아이들
33

아이를 낳고 전에는 보지도 않던 어린이 채널만 시청하게 된다. BBC의 어린이 채널 씨비비즈(Cbeebies)는 만 6세 이하의 영유아를 대상으로 한다. 〈피터 래빗〉, 〈바다 탐험대 옥토넛〉, 〈찰리와 로라〉 등 애니메이션뿐만 아니라 아이들을 위한 교육적인 방송이 많다.

한국 엄마들에게 도움이 될 것 같아 씨비비즈의 대표 프로그램을 소개할까 한다. 먼저 〈아이 캔 쿡(I Can Cook)〉이라는 프로그램이 있다. 아이들에게 식재료가 어디에서부터 오는지 알려주면서 식사 습관과 편식을 잡아주는 유용한 요리 프로그램이다.

〈미스터 메이커(Mister Maker)〉는 미술이나 공작을 하는 프로그램인데, 미스터 메이커가 한국의 종이접기 달인 김영만 아저씨라고 생각하면 된다. 〈미스터 블룸스 너서리(Mr. Bloom's Nursery)〉는 메인 진행자가 정원사인데 아이들이 자연과 함께 어울리면서 살아가는 방법을 알려준다. 〈앤디의 선사시대 탐험(Andy's Prehistoric Adventures)〉은 자연사박물관에 근무하는 앤디라는 아이가 타임머신을 타고 선사시대를 탐험하는 어린이 SF 시리즈이다. 어린이 프로그램이지만 어른인 내가 봐도 너무나 재미있어 넋 놓고 볼 때가 많다.

많은 프로그램 중에서 가장 눈에 띄는 건 청각 장애 아동을 위한 〈매직 핸즈(Magic Hands)〉와 발달 지체 아동을 위한 〈섬씽 스페셜(Something Special)〉이다. 〈매직 핸즈〉는 4명의 진행자가 유명한 동시를 수화로 이야기해준다. 얼마 전에는 셰익스피어 탄생 400주년을 맞이해서 〈로미오와 줄리엣〉을 수화로 연출하기도 했다.

〈섬씽 스페셜〉을 진행 중인 저스틴 플레처(Justin Fletcher)는 성우 출신으로, 영국에서 가장 유명한 어린이 프로그램 전문 진행자이다. 영유아 방송 진행자들의 공통점으로 과장된 얼굴 표정이나 제스처를 들 수 있는데, 저스틴 플레처는 여기에 수화를 한다는 점이 독특하다. 미스터 텀블(Mr. Tumble)이라는 빨간 코의 피에로로 분장한 그는 방송 내내 수화를 하면서 발달 장애 아동들의 학교 생활이나 가정 생활을 살펴보고 같이 프로그램을 진행하기도 한다.

휠체어를 탄 아이들이 나오면 저스틴 플레처는 친절하게 그들을 맞이해준다. 눈높이를 맞추기 위해 최선을 다하는 것은 물론이거니와 끊임없이 수화를 하며 같은 얘기를 반복해서 천천히 말해준다. 방송 도중 돌발적인 행동을 하는 아이들이 있어도 당황하지 않고 자연스럽게 자신의 세계로 안내한다.

씨비비즈에는 저스틴 플레처 외에 또 다른 유명 진행자가 있다. 바로 세리 브루넬(Cerrie Burnell)이다. 오른쪽 팔목 아래가 없이 태어난 그녀는 배우 겸 가수, 동화 작가로 활동하다가 어린이 프로그램을 진행하고 있다. 처음 그녀가 방송에 나왔을 때 일부 영국 부모들이 거센 거부 반응을 보였다. 팔 없는 그녀의 모습이 너무 부담스럽다며 하차를 요구하고 의수를 해서 팔을 가려달라는 항의도 빗발쳤다. 그러자 BBC는 홈페이지를 통해 장애인을 어린 아이들에게 소개하는 건 아주 자연스러운 일이라고 공식 입장을 내놓았다. 지금 그녀는 영국 장애인 단체와 시민 단체의 지지를 받으면서 여전히 프로그램을 진행 중이다. 물론 의수를 하지도 않고, 오른쪽 팔꿈치의 맨살을 그대로 드러낸 채 말이다.

이뿐만이 아니다. 유명인사나 공연, 영화, 게임 등을 소개해주는 〈엑스체인지(Xchange)〉의 진행자는 휠체어를 탄 흑인 장애인 농구 선수 아데 아데피턴(Ade Adepitan)이다. 그는 장애인과 흑인이라는 두 가지 핸디캡을 극복하고 어린이 프로그램을 진행 중이다.

한국 어린이 프로그램에서 예쁘고 잘생긴 아이들만 보다가 영국에서 장애 아동들이 나오는 프로그램을 처음 봤을 때 신선한 충격으로 다가왔다. 과연 한국이었으면 어땠을까? 공영 방송국에서 장애 아동을 위한 어린이 프로그램을 방송하고, 휠체어를 탄 장애인이나 팔 없는 여성 진행자가 맨살을 드러내고 어린이 프로그램을 진행할 수 있을까?

영국 미디어는 아이들이 자연스럽게 외모, 인종, 성 차별에 대한 올바른 인식을 하도록 도와준다. BBC에서는 어린이 프로그램 진행자의 경우 인종 비율을 맞출 뿐만 아니라, 어린이 보조 출연자가 3명 이상일 경우 무조건 소수 인종 어린이를 포함하고 남녀 성비도 동등하게 한다.

영국 아이들은 외모가 다르다고, 키가 작고 뚱뚱하다고, 장애를 가졌다고 놀리거나 놀림을 받지 않는다. 영국에서는 어린이 프로그램은 물론 성인을 대상으로 하는 TV 쇼나 드라마에서도 외모 비하적인 요소를 주제로 삼는 일은 없다. 그 어떤 코미디 쇼에서도 타인의 외모를 지적하며 웃음거리로 사용하지 않는다. 특히 다인종 국가인 영국에서는 인종 차별 논란까지 번질 수 있기 때문에 더욱더 조심한다.

그렇다면 한국 미디어는 어떠한가? 가끔 한국 쇼 프로그램을 시청하다 보면 깜짝 놀랄 때가 한두 번이 아니다. 스스럼없이 서로의 외모를 지적하고, 외모 비하를 개그 소재로 빈번하게 사용하는 것이다. 텔레비전에서부터 외모 비하를 일상으로 다루니 한국인은 본인의 외모는 물론 타인의 외모에 대해서도 스스럼없이 쉽게 평가하는 것 같다. 한국에서 오랜만에 지인들을 만나면 "오랜만에 만나서 반갑다", "잘 지냈니?" 하는 안부부터 시작해 꼭 빠지지 않는 말이 있다. 바로 '살이 쪘네, 빠졌네', '안색이 좋네, 나쁘네' 등등의 외모 이야기다.

영국에서 지인을 만나는 경우, 안부 인사 다음 외모 이야기가 입에 오르는 경우는 거의 없다. 물론 여성들끼리 "안색이 좋아 보인다", "예뻐졌다" 하는 칭찬은 오가지만, 내 얼굴에 커다란 여드름이 났더라도 "너 얼굴에 여드름 났네" 하고 말하지도 않고, 내가 갑자기 살이 쪄서 100킬로그램에 육박하더라도 "살을 빼라"라고 말하지 않는다.

영국인 아빠, 한국인 엄마를 둔 우리 아이들에 대한 양국 사람들의 반응도 다르다. 한국에서는 딸을 본 사람들은 하나같이 "혼혈이에요?" 하고 물어본다. 혼혈이라는 외모에 초점을 두면서 이목구비가 누구를 닮았는지 굳이 찾아내며 아이의 외모를 화제로 삼는다. 반면 영국에서는 아이의 외모보다는 "Lovely", "Adorable", "Cute"처럼 아기가 얼마나 사랑스럽고 귀여운지에 대한 말을 더 많이 한다.

영국에서 두 아이를 데리고 다니면 그 누구도 혼혈이냐고 물어보는 사람은 없다. 영국이 다인종 국가여서 혼혈인이 많기도 하고, 자칫 이런 질문이 아이 부모에게 실례가 될 수도 있기 때문이다.

영국 엄마들은 다른 집 자녀에 대한 외모 언급을 하지 않는다. 자칫 상처가 될 수 있기 때문이다. 자녀가 또래에 비해 작은 편이라도 키가 작거나 덩치가 작다는 둥 외모에 대한 부정적 이야기를 하지 않는다. 한국에서는 어른이 모이면 이목구비부터 시작해서 키가 작다, 크다, 엄마를 닮았네, 아빠를 닮았네 아이들의 외모 평가가 빠지지 않는다. 반면 영국에서는 그냥 '러블리', 이 한마디면 족하다.

몇 년 전 한국을 방문한 시부모님은 강남역을 도배한 성형외과 광고를 보고 무척 놀랐다. 시어머니는 못생긴 한국 사람이 하나도 없는데, 어떻게 성형외과가 이렇게 많을 수 있냐며 의아해했다. 우리는 눈이 작거나, 코가 조금만 낮거나, 얼굴형이 갸름하지 않으면 이내 '못생겼다'고 쉽게 정의해 버린다. 큰 눈, 높은 코, 갸름한 얼굴형이라는 미의 기준을 정해놓고 거기서 조금만 벗어나면 '못생겼다'라는 말을 서슴없이 하기도 한다.

영국에서 '못생겼다'는 뜻의 '어글리(Ugly)'는 정말 눈이 하나 없거나 불의의 사고로 얼굴이 흉측하게 변해버린 사람들을 표현하는 단어이다. 영국에서도 분명 외적 아름다움이 존재한다. 하지만 그것보다 사람마다 각자의 개성을 더 중요하게 생각한다.

하루아침에 외모지상주의가 사라질 수는 없겠지만 나부터라도 조금씩 바뀐다면 언젠가는 한국도 변화하지 않을까? 사람들을 만나면 외모의 단점을 찾기보다는 장점을 찾아서 칭찬해주는 게 어떨까?

유대인 자녀교육법을 바라보는 영국인의 시선
34

요즘에는 육아 서적이 넘쳐난다. 임신 및 출산과 관련한 태교 서적부터 아기가 태어나면 본격적인 육아 서적의 세상이 펼쳐진다. 신생아 육아법, 이유식 만드는 법, 훈육법, 공부법까지 자녀들의 연령대별로 참 다양하다. 연년생 두 아이를 둔 나 역시 엄마라면 하나의 필수라고 여겨지는 육아 서적을 구입해 읽어본 적이 있다. 그런데 수많은 육아책 중에서 나와 내 아이에게 맞는 좋은 책을 고르는 건 쉬운 일이 아니었다. 결국 조금이나마 쉬운 선택을 하기 위해 인터넷으로 리뷰를 확인하고 흔히 말하는 베스트셀러나 스테디셀러 순위에 올라 있는 책을 주목할 수밖에 없다.

그런데 한국의 육아 서적을 살펴보던 중 흥미로운 점을 하나 찾을 수 있었다. 베스트셀러나 스테디셀러가 된 책 가운데 유대인 관련 육아서가 유독 많다는 점이다. 《영국 엄마의 힘》을 집필하면서 남편은 물론 주변에 있는 영국 엄마들에게 정보를 얻기 위해 교육, 육아와 관련해 이런저런 이야기를 많이 했다. 이때 내가 한국에서는 유대인 관련 자녀 교육서가 인기가 많다고 하면 모두가 "왜?", "정말?"을 연발한다.

영국에서 '유대인 교육법'이라고 하면 보통 랍비의 가르침, 유대교 교리에 대한 종교적인 교육으로 받아들인다. 영국 엄마들이 보기에 예로부터 불교나 유교를 믿어온 한국에서 유대인 교육법이 인기가 많다는 사실을 이해 못하는 것은 어쩌면 당연하다.

그들이 놀라는 또 다른 이유는 한국과 영국이 생각하는 유대인에 대한 이미지가 다르기 때문이다. 한국인이 생각하는 유대인은 긍정적이다. 포털 사이트 검색창에 '유대인'을 입력하면 유대인 교육법, 하브루타 교육법, 노벨상, 아인슈타인 등 대부분 유대인은 지능이 뛰어나고 우월한 민족임을 보여주는 수많은 정보와 관련 검색어가 뜬다.

그에 반해 구글에서 'Jewish,' 'Jews'를 검색하면 유대인의 종교인 유대교 혹은 이스라엘에 대한 정보나 관련 질문이 다수를 차지한다. 놀라운 것은 '유대인을 어떻게 생각하세요'라고 검색하면 'hate'라는 부정적인 단어가 많이 나온다는 사실이다.

셰익스피어의 5대 소설 중 하나인 《베니스의 상인》에서 주인공 안토니오에게 돈을 빌려주고는 갚지 못할 경우 가슴에서 가장 가까운 살 1파운드를 베어내겠다는 약속을 받아내는 인물 샤일록을 기억할 것이다. 샤일록은 끝내 돈을 갚지 못한 주인공 안토니오와 법정까지 가는데 '살은 베어가되 피는 한 방울도 흘려서는 안 된다'라는 재판관의 판정으로 결국 패소해서 재산 몰수는 물론 그리스도교로 강제 개종 명령까지 받는다. 이 작품에서 돈만 아는 비열한 인물로 그려진 이 고리대금업자 샤일록이 바로 유대인이다.

영국인은 대부분 셰익스피어의 소설에서 나오는 샤일록과 같이 유대인은 돈에 집착하고 돈이 되는 것이라면 무엇이든지 한다고 생각한다. 이런 이미지 때문에 돈에 인색한 사람을 "유대인 같이 굴지 마"라는 영어식 농담이 있을 정도이다. 영국은 물론 유럽, 미국에서도 유대인에 대해 그리 긍정적으로 생각하는 사람은 드물다.

그렇다면 과연 한국 부모가 열광하는 유대인은 과연 어떤 민족일까? 서기 70년, 로마에 의해 나라를 잃은 유대인은 유럽 각지로 흩어져서 떠돌기 시작했다. 그리고 유대교를 믿는 이질적인 민족이라는 이유로 많은 차별을 받는다. 유대인은 농사 지을 땅을 빌릴 수도 없었고 일을 구하기도 힘들었다. 그래서 마지못해 선택한 것이 그 당시 천대받던 상업이나 고리대금업이었다. 유럽인의 차별 속에서 생존해야만 했던 유대인, 그들을 지켜주는 것은 오직 돈밖에 없었다. 이런 민족적 역사 때문에 유대인은 자식들에게 좀 더 나은 삶을 살게끔 해주고 싶었다. 그러기 위해 가장 중요한 것은 바로 자녀 교육임을 깨닫고 그들은 엄격하고 열성적인 지침을 마련했다.

한국에서는 이 같은 민족적 역사와 특성 때문에 유대인이 더 많은 인기를 누리는 것 같다. 한국이 일본 식민지 시절 큰 아픔을 겪었다면 유대인 역시 제2차 세계대전 당시 히틀러에게 많은 학살을 당했다. 이러한 배경 속에서 자식만큼은 힘들게 살지 않고, 가난을 물려주지 않겠다는 생각으로 교육에 집착한 것은 어쩌면 한국과 많이 닮아 있다.

중세 유럽부터 상업과 고리대금으로 부를 축적하기 시작한 유대인은 돈 버는 기술과 재능이 유독 뛰어나 세계적인 기업의 창업주나 부자가 유독 많다. 하지만 이런 물질만능주의 때문에 영국인이 생각하는 유대인은 돈만 알고, 자식 교육에 집착하며 자신의 인생을 즐길 줄 모르는 엄격한 사람들이라는 이미지가 강하다. 따라서 유대인의 이런 생활 방식이 담긴 교육법을 알고 싶어 하지 않는다.

영국에도 육아 관련 베스트셀러가 있긴 하지만 보통 임신부터 신생아 육아까지 올바른 방침을 적은 가이드북이나 이유식 책이 대부분이다. 베스트셀러에 오른 육아 관련 서적만 살펴보더라도 영국 엄마와 한국 엄마의 자녀교육관은 확연히 다르다.

한국 엄마들은 내 자식을 무조건 최고로 키우고 싶어 하는 반면, 영국 엄마들은 내 아이를 최고로 키워야 한다는 압박감이 없다. 그래서인지 영국 출판 시장에서 특정 민족이나 나라의 육아 및 교육 지침서가 베스트셀러에 오르는 경우는 보기 힘들다.

아이들의 교육을 위해서 잠옷을 입지 마세요

35

2016년 1월, 영국의 한 공립 초등학교 교장이 학부모들에게 한 장의 공문을 보냈는데, 그 내용이 참 재미있다.

학생들의 등교 시간에 잠옷을 입고, 가끔 슬리퍼까지 신은 채 통학을 도와주는 부모님이 최근 늘어나고 있는 것 같습니다. 한 가지 부탁이 있는데, 자녀들의 통학을 도와주실 때는 날씨에 맞는 적절한 복장을 해주시면 안 될까요?

대수롭지 않은 것처럼 생각할 수도 있지만 자녀들의 건강과 안전만 중요한 게 아니라, 상황에 맞춰 적절한 복장을 입는 것 역시 중요합니다. 적절한 복장은 성인이 되는 준비 단계에 있는 자녀의 인생에서 여러 가지로 좋은 모범이 될 수 있을 것입니다.

'파자마 공문'으로 화제가 된 이 학교에는 다음 날 많은 언론사가 교장과의 인터뷰를 위해 몰려들었다. 그런데 그날 때마침 한 학생의 엄마가 빨간 파자마를 입은 채 등교 시간에 허겁지겁 나타났다. 8세 딸을 둔 만 49세의 엄마 카렌 루소였다. 그녀는 '파자마 공지문'을 확인했지만 오늘은 정말 어쩔 수가 없었다고 말했다.

"아침에 화장실에서 30분 이상 갇혀 있었어요. 문을 따고 겨우 탈출하니 등교 시간이 아슬아슬하더라고요. 서두르면 지각은 피하겠다는 생각에 급히 나오느라 잠옷을 갈아입을 시간이 없었습니다. 얼마나 급했던지 틀니도 못 한 채 그대로 나왔네요."

카렌 루소는 당당하게 잠옷을 입은 채 인터뷰에 응했고, 그 사진이 다시 한번 화제가 되었다.

사실 영국 엄마들의 파자마 논란은 올해가 처음이 아니다. 몇 년 전부터 끊임없이 제기되고 있는 얘기이다. 파자마 정도는 아니더라도 하교할 때 물론 학부모 모임이나 교사 상담 때 너무 편한 추리닝 패션이나 단정치 못한 복장을 하고 나타나는 경우가 더러 있다. 심지어 자녀들조차 복장 불량 상태로 학교에 보내는 학부모도 있다. 학교 측에서 상황에 알맞지 않은 복장은 아이들 교육에 좋지 못한 영향을 끼친다, 부모는 때와 장소에 맞는 적절한 옷차림을 해 모범이 되어야 한다고 말해도 잘 고쳐지지 않는다.

영국 엄마는 크게 '슬러미 머미'와 '여미 머미'로 나뉜다.

슬러미 머미(Slummy Mummy)는 외모를 전혀 신경 쓰지 않고 경제적 여유가 없는 워킹 클래스 엄마를 말한다. 이들은 피어싱이나 문신은 물론 때와 장소를 가리지 않고 항상 편한 패션을 추구한다. 주로 추리닝이나 투박한 어그 부츠, 두터운 패딩 점퍼를 입고, 당고머리를 한다.

이에 반해 여미 머미(Yummy Mummy)는 출산과 힘든 육아에도 불구하고, 미혼 여성으로 보일 만큼 매력적이고 당당한 엄마를 말한다. 우리나라의 미시족과 비슷한 의미이다. 자기 관리에 그만큼 철저하고 부지런하다는 긍정적 시선도 있지만, 육아를 하면서 완벽하게 꾸미고 치장하려면 돈 있는 사모님들이나 가능하다는 부정적인 시선도 있다.

육아를 하다 보면 만사 귀찮고 피곤할 때가 많다. 세수하기도 바쁘고 속옷 챙겨 입고 나갈 시간도 없다. 하지만 매너를 중시하는 영국에서는 자기 관리를 못하는 슬러미 머미보다는 여미 머미를 선호한다. 학교에서도 슬러미 머미의 너무 편한 복장이 아이들의 교육을 망친다고 생각한다.

또한 부모가 TPO(시간, 장소, 상황에 맞는 복장을 갖춰 입는 것)를 준수하는 것 역시 아이 교육에 중요하다고 말한다. 물론 우리 모두가 여미 머미가 될 수는 없겠지만, 그래도 자녀에게 모범이 되기 위해서라도 슬러미 머미가 되는 것만은 지양했으면 좋겠다.

내 아이의 사진을 SNS에 함부로 올리지 마세요

36

블로그를 시작한 지도 벌써 햇수로 4년이라는 시간이 흘렀다. 처음 영국 생활을 시작했을 때 낯선 곳이라 많이 외롭기도 하고, 우울하기도 하고, 누군가와 소통하며 삶의 활력소를 만들고 싶어 시작한 블로그였다.

블로그를 하면서 좋은 인연도 만들고, 아주 가끔 악플에 시달리기도 했지만 나름 추억거리가 많다. 영국 문화나 사생활에 대한 질문을 자주 받는데, 영작 숙제를 해달라던 귀여운 중고등 학생들, 국제 재혼을 문의했던 40대 분이 기억에 남는다. 그리고 왜 남편 사진만 있고 블로그 주인장 사진은 올리지 않느냐는 질문도 많이 받았다. 딸을 낳고 난 이후에는 내 사진보다 아기 사진을 올려달라는 요청이 부쩍 많아졌다.

딸아이 로즈의 사진을 가끔 블로그에 올리기는 하는데, 얼굴 정면이 아니라 거의 뒷모습만 보이는 사진이다. 하지만 딸아이의 뒤태가 유독 예뻐서 그런 게 아니다.

나도 사랑스러운 아이의 얼굴 사진을 많이 올리고 싶다. 하지만 먼 훗날 로즈가 커서 본인 사진이 인터넷에 떠도는 걸 좋아할지도 모르겠고, 아직 어린 딸아이의 사진을 인터넷이라는 오픈된 공간에 올리기에는 뭔가 꺼림칙하고 조심스럽기도 하다. 더 솔직히 말하자면 내 아이의 얼굴, 나이, 본명까지 온라인에 노출되어 혹시나 아동 범죄의 표적이 되지 않을까 하는 걱정 때문이다. 내 아이가 다른 사람 입에 오르내리는 것 역시 싫다.

로즈와 함께 돌아다니다 보면 예쁜 짓을 할 때가 많다. 그때마다 사진을 찍고 싶을 때가 한두 번이 아니다. 그래서 그 순간을 놓치지 않으려 한손에는 늘 휴대폰을 잡고 있곤 하는데, 어느 순간 내가 이상하다는 것을 느꼈다. 영국의 공공장소에서는 아이들의 사진을 찍는 부모가 별로 없다는 것이었다. 자기의 아이 사진을 찍다 혹시라도 다른 아이 얼굴이 뒷배경으로 찍힐 수 있기 때문이다. 서로 아는 사이더라도 사진을 찍을 때는 물론 SNS에 올리고 싶을 때도 아이 부모에게 먼저 물어보는 게 예의이다.

한국인인 내가 볼 때 영국에서는 아이의 초상권에 대해 유별날 정도로 조심스럽다. 로즈의 어린이집 등록 과정에서 있었던 일이다. 입학을 위해 몇 장의 문서를 작성해야 했는데, 그중 흥미로운 항목이 하나 있었다. 아이 사진을 찍어 개인 사물함에 붙여도 되냐는 질문이었다. 어린이집을 방문하는 다른 학부모가 내 아이의 사진을 보는 게 싫으면 'No'라고 체크할 수 있었다.

영국의 한 학교에는 신입생들의 첫 등굣날, 학교에서 지내는 아이들의 행복한 모습을 사진으로 찍어 부모들의 폰으로 전송하는 서비스가 있다. 이 서비스는 많은 학부모의 열화가 같은 환영을 받았는데, 곧 중단될 위기에 놓였다.

교육청에서 아이들의 안전을 문제 삼으며 이 서비스를 중단하라는 통보를 보낸 것이다. 학교 측에서는 아이 사진은 부모 휴대폰으로만 전송하고, 곧바로 삭제하기 때문에 전혀 문제될 게 없고, 학부모 사이에서도 인기가 좋다는 내용의 이의서를 교육청으로 보냈다. 하지만 교육청에서는 혹시라도 아이들 사진이 유출될 경우 유괴나 아동 성범죄에 악용될 수 있다며 서비스 종료를 독촉했다.

영국 사회에서는 소아성애자에 대한 경각심이 아주 높다. 소아성애자는 온라인에서 어린 아이들의 사진을 검색하고 다운받아 음란 행위에 사용할 뿐만 아니라, 성범죄를 저지르기 전에 아동 포르노물이나 사진을 볼 확률이 높다고 한다.

영국 아동학대예방협회에서는 부모가 자녀의 사진을 공개하거나 지인들과 공유할 경우, 소아성애자들이 이런 사진까지 찾아내 조작할 수 있다고 경고한다. 아울러 온라인에 자녀의 사진을 올리고 싶다면 신중하게 공개 범위를 제한하는 게 좋다고 조언한다.

최근 프랑스에서는 부모일지라도 자녀 동의 없이 자녀의 사생활 정보를 인터넷에 올리거나 속옷을 입지 않은 벌거벗은 사진을 공개할 경우 최소 징역 1년형과 7000만 원 상당의 벌금을 내도록 하는 일명 '아동사생활보호법'을 제정했다고 한다. 그만큼 온라인에 자녀의 정보나 사진을 노출할 경우 신중해야 한다는 뜻이다.

이에 발맞춰 페이스북에서는 아이들의 사진을 전체 공개로 올리는 부모들의 계정에 자동 경고 메시지가 뜨도록 하는 시스템을 개발 중이라고 한다. 예를 들어, 아이가 공원에서 놀고 있는 모습을 전체 공개로 설정을 할 경우 "잠깐, 이것은 당신 자녀의 사진입니다. 자녀 사진은 가족끼리만 공유하는 게 일반적인데, 전체 공개를 하시겠습니까?" 하는 팝업이 자동으로 떠서 좀 더 안전한 서비스를 제공한다는 게 페이스북의 계획이다.

전 국민적으로 사랑받은 영국 BBC 간판 진행자 지미 새빌(Jimmy Savile)은 살아 생전 엘리자베스 여왕으로부터 기사 작위를 받기도 했다. 2011년 그가 사망했을 때는 수만 명의 조문 행렬이 그의 안타까운 죽음을 애도했다. 그런데 1년 후 그가 소아성애자였고 유명세와 부를 이용해 500명 가까운 아동과 미성년자를 성추행했다는 게 알려지면서 영국 사회는 큰 충격에 휩싸였다.

지미 새빌 사건으로 인해 소아성애자 문제의 심각성을 느낀 영국 정부와 데이비드 캐머런 총리는 아동 포르노물과의 전쟁을 선포했다. 곧이어 미국 정부, 구글, 야후 같은 기업들과 협력해 인터넷에서 아동 포르노와 연관된 검색어를 차단하고 접속에 대한 감시를 강화하는 법안을 통과시키기도 했다.

영국에서 미성년자와의 성관계는 무기징역까지 선고받을 수 있는 중대 범죄 행위다. 1970년대를 주름잡은 락 가수 게리 글리터(Gary Glitter)는 2015년 초 아동 성폭력 범죄로 16년 징역형을 선고받았고, 영국 전 총리 에드워드 히스(Edward Heath)는 죽은 지 10년 만에 소아성애자였다는 사실이 알려져 범죄에 대한 조사가 이루어지기도 했다.

영국 엄마들은 SNS에 아기 사진 올리는 걸 항상 조심한다. 귀엽다고 옷을 입지 않은 어린 자녀의 사진을 온라인에 전체 공개로 올리지도 않고, 아기의 이름, 생일, 사는 곳이 노출될 수 있는 신상 정보가 담긴 육아 일기를 세세하게 적지도 않는다.

이런 영국 엄마들 사이에서 아이를 키우다 보니 아이의 사진을 많이 올리는, 특히 노출 사진까지 거리낌 없이 올리는 한국 엄마들을 이해하기가 힘들다.

아이들을 행복하게 만드는 건 어렵지 않다.
애정과 상식, 착한 마음만 있으면 된다.

-버트런드 러셀(Bertrand Russell)

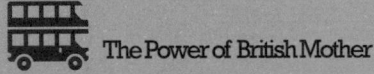

4부
평범한 아이를 비범하게 만드는 영국식 교육의 비밀

......

대학 진학과 취업을 두고 선택하기 힘들거나 자신이 무엇을 원하는지 시간을 갖고 생각해보고 싶은 영국 청소년들에게는 한 가지 선택권이 더 있다. 바로 갭 이어(Gap Year)이다. 1967년 영국에서 시작된 갭 이어는 고등학교를 졸업한 청소년들이 1년 동안 해외여행이나 자원봉사 같은 다양한 경험을 통해 어른으로서 인생을 배우는 과정을 말한다. 갭 이어를 안식년(Sabbatical Year)이라고 부르기도 한다.

박물관을 아이들의 놀이터로 만든 영국

37

영국에는 1600개에 달하는 수많은 박물관이 있다. 그중에서 대영박물관과 자연사박물관은 영국 부모와 아이들에게 많은 사랑을 받고 있다.

먼저 소개할 것은 대영박물관(British Museum)이다. 루브르박물관, 바티칸박물관과 함께 세계 3대 박물관이라 불리는 이곳에서는 어린이를 위한 다양한 전시회를 개최한다. 매주 특별 전시회가 있고, 1년 단위 프로그램을 홈페이지를 통해 공개한다.

특히 연령대별로 다양한 프로그램이 있는 게 특징이다. 영유아, 초등학교 저학년, 초등학교 고학년, 중학생 등으로 세분화되어 있다. 가령 만 5세 이하의 영유아들에게는 장난감을 가지고 탐색 놀이를 할 수 있는 프로그램이 많다. 2016년에는 〈리틀 피트(Little Feet: Discover Sunny Sicily)〉라는 프로그램이 큰 인기를 끌었다. 영유아의 발과 손, 목소리를 이용해 시칠리아를 탐색하는 내용이었다.

저학년 어린이를 위해서는 전시물의 설명이 글보다는 그림 위주로 되어 있다. 색, 모양, 무늬 등에 초점을 맞춰 마치 아이들과 대화하는 형식으로 쉽게 구성한 것이다.

무엇보다 어린이들이 관람하기에 적절한 전시물을 층별로 안내하는 아동 전용 안내 책자가 백미다. 이 책자만 있으면 아이들에게 맞는 전시물을 쉽고 간편하게 관람할 수 있다. 단순한 설명 위주가 아니라 어린이들의 눈높이에 맞게 재미있고 흥미롭게 구성했기 때문이다. 부모들이 미리 볼 수 있도록 홈페이지에서 다운받는 것도 가능하다.

또 하나의 장소는 자연사박물관(Natural History Museum)이다. 전 세계 95 퍼센트에 달하는 조류 표본은 물론 화석, 생물, 광석 등 7000만 점 넘는 소장품을 전시하고 있는 이곳은 영국의 자랑이자 런던의 명물이다. 이곳 또한 연령대별로 학습할 수 있도록 세분화한 프로그램을 운영하고 있다.

먼저 '키 스테이지(Key Stage) 1~2'는 만 5세부터 11세까지의 초등학생을 대상으로 지구 역사와 재미있는 자연 이야기를 들려주고 실제 3000년 된 표본을 직접 만지면서 학습할 수도 있다. '키 스테이지 3~4'는 만 11세부터 16세까지의 중고등학생을 대상으로 생명과 유전자에 대한 전시물을 비롯해 지진, 화산 폭발 같은 흥미진진한 과학 전시물 등이 있다. '포스트 16'은 만 16세에서 18세까지의 고등학생을 대상으로 과학, 생물, 화석, 곤충 등 여러 분야의 전문가들을 스튜디오에 초대해 토크쇼 형식으로 진행한다. 이 때문에 생물과 화학을 필수 과목으로 공부해야 하는 의대 지망생들에게 자연사박물관은 꼭 방문해야 할 성지와도 같은 곳이다.

자연사박물관에는 한 달에 단 한 번 열리는 특별 이벤트가 있다. 아이들의 열렬한 호응을 받고 있는 'Dino Snores for Kids'가 그것이다. 이 프로그램은 보통 토요일 저녁 6시 45분에 시작된다. 보호자를 동반한 만 7~11세 아이들이 자연사박물관에서 하룻밤을 묵는 일종의 캠핑 프로그램이다. 학교 밖에서 만난 새로운 친구들과 함께 6개의 팀으로 나눠 진행하기 때문에 아이들의 사회성 발달은 물론 자신감 배양에도 큰 도움이 된다.

야간에 손전등을 가지고 박물관 탐험하는 것을 비롯해 다양한 프로그램이 마련되어 있다. 백미는 이 모든 프로그램 끝나는 날 공룡 전시물 바로 아래 침낭 속에서 잠을 잔다는 것이다. 공룡을 좋아하는 어린이들에게는 평생 잊을 수 없는 좋은 추억이 될 것이다.

앞에서 소개한 대영박물관과 자연사박물관뿐만 아니라 영국에는 아이들과 함께 가기 좋은 다양한 박물관이 많다. 대부분의 박물관이 어린이에게 무료이고, 혹여 유료 특별 프로그램일 경우에도 3파운드 정도의 요금만 지불하면 이용 가능하기 때문에 큰 부담이 없다.

나 역시 아이들과 집 근처 박물관을 자주 찾는다. 비가 오거나 흐린 날에는 자녀들을 데리고 온 엄마나 아빠를 더 많이 볼 수 있다. 함께 온 아이들은 유모차에 타고 있는 갓난아기부터 초등학생까지 참 다양하다. 박물관에서 마주치는 아이들의 얼굴은 하나같이 밝고 호기심이 가득하다.

박물관을 좋아하는 아이는 한국에도 많다. 그런데 영국 부모와 한국 부모의 모습은 다른 것 같다. 한국 부모는 '오늘 박물관에서 우리 아이가 하나라도 배우고 오겠지' 하는 학습 목적인 경우가 많다. 이런 견학법은 강제성을 띠기 때문에 아이들이 박물관은 따분하고 공부해야 하는 곳이라고 생각할 수 있다. 또 박물관 전시물에 대한 설명은 어려운 한자나 전문 용어

투성이이고, 이는 안내 책자 역시 마찬가지다. 어른인 내가 읽어봐도 무슨 내용인지 이해하기 힘든 경우가 있는데 아이들은 오죽할까?

　영국에서는 박물관이 학습을 위한 목적으로 가는 교육 현장이 아니라 하나의 놀이 공간으로 인식한다. 놀이터에 놀러 가듯이 박물관으로 놀러 가는 것이 영국 아이들의 일상이다.

열여덟 영국 청소년에게는
갭 이어라는 안식년이 있다

영국에서 18번째 생일은 성인으로 인정받는 날이기 때문에 아주 특별하게 보낸다. 많은 친구를 초대해 성대하게 하우스 파티를 하고 평소보다 값비싼 선물을 부모님께 받는다. 내 남편은 부모님께 태그 호이어 시계를 선물 받았다고 한다.

조부모님으로부터 유산을 상속 받는 청소년도 있다. 시누이 남편 리암은 약 8000만 원에 가까운 유산을 받았고, 남편의 절친한 친구 조니는 약 3억 원 넘는 큰 돈을 친할아버지께 받았다고 한다. 물론 이렇게 많은 유산을 상속 받는 청소년은 극소수에 불과하지만 그만큼 열여덟 생일이 중요하다는 반증이기도 하다.

화려한 열여덟 번째 생일을 마치고 현실의 삶으로 돌아온 청소년들은 인생에서 매우 중대한 선택의 기로에 선다. 주로 두 가지 선택을 갖고 고민하는데 대학에 입학해 학업을 이어가거나, 직업 훈련 또는 취업 활동을 시작하는 것이다.

영국은 대학 등록금이 비싼 편이라 서민 가정에서는 부담이 크고 세일즈나 서비스업은 학력보다 경력을 우선하기 때문에 곧바로 취업을 선호하는 청소년이 많다. 상류층이나 중산층 자녀들도 대학 진학을 하지 않고 취업하는 경우가 많아 전 계층에 걸쳐 대학 진학 자체를 필수라고 여기지 않는 분위기도 있다. 고 다이애나비도 고등학교를 졸업하자마자 사립 유치원 교사로 취업했다.

대학 진학과 취업을 두고 선택하기 힘들거나 자신이 무엇을 원하는지 시간을 갖고 생각해보고 싶은 영국 청소년들에게는 한 가지 선택권이 더 있다. 바로 갭 이어(Gap Year)이다. 1967년 영국에서 시작된 갭 이어는 고등학교를 졸업한 청소년들이 1년 동안 해외여행이나 자원봉사 같은 다양한 경험을 통해 어른으로서 인생을 배우는 과정을 말한다. 갭 이어를 안식년(Sabbatical Year)이라고 부르기도 한다.

한국에서 중등교육을 마친 나는 처음 갭 이어라는 것을 알게 됐을 때 신선한 충격을 받았다. 한국의 청소년들이 학교와 학원을 오가며 입시 전쟁을 준비하는 동안 지구 반대편 영국 청소년들은 갭 이어를 통해 10대 후반 인생을 배우는 값진 경험을 할 수 있는 기회를 갖는 것이다.

갭 이어의 궁극적 목표가 다양한 경험을 쌓으면서 성인으로서 삶을 준비하는 첫 번째 단계라고 생각하기 때문에 아프리카, 남미 같은 환경이 열악한 나라로 떠나는 게 일반적이다. 그곳에서 교육을 못 받는 어린이들을 위해 벽돌도 나르고 지붕을 얹는 등 무임금 인부로 학교 건물을 짓는 데 참여한다. 학교를 짓고 나면 글 모르는 아이들을 위해 교사가 되기도 하며,

깨끗한 식수가 없어 전염병으로 고생하는 부족민을 위해 우물이나 지하수 만드는 일에 참여하기도 한다. 이 같은 봉사 활동뿐만 아니라 멸종 위기에 처한 동물들을 위해서 보호하고 원주민과 함께 아마존 개발에 반대하는 활동을 펼치기도 한다.

사실 갭 이어는 모든 영국 청소년이 누리는 건 아니다. 요컨대 상류층 혹은 중상층 자녀들이 주로 이용한다. 일반적으로 고등학교를 졸업하자마자 그해에 곧바로 시작하기 때문에 청소년들이 스스로 갭 이어 비용을 마련하는 것은 거의 불가능에 가깝다. 그래서 일반 서민보다는 중상층 자녀가 선호하는 편이다. 갭 이어를 할 수 있는, 사립학교를 졸업한 중상층 청소년을 일컫는 라(Rah)라는 속어까지 있는데, 포시(Posh) 발음으로 '갭 이야(Gap Yah)'라고 부른다.

갭 이어가 중산층의 산물임에도 불구하고 영국에서는 갭 이어를 긍정적으로 생각하는 편이다. 혼자서 1년간 세계 여행을 하며 본인의 인생에 대해 진지하게 생각할 수 있는 기회란 흔치 않다. 지구 곳곳의 여러 사람을 만남으로써 다양한 삶을 직간접적으로 경험하고, 학교와 교실 안에서는 전혀 배울 수 없었던 삶의 지혜를 스스로 터득하기도 하며, 대인관계에 대한 기술과 확신 그리고 자신감도 쌓을 수 있다. 또한 가난한 나라에서 부족민과 함께 생활할 기회가 많기 때문에 각국 원주민들의 문화를 이해할 수 있다. 갭 이어를 다녀온 젊은이들의 경우, 대학 진학 후 제2외국어를 쉽게 배울 확률이 높다는 연구 결과도 있다.

갭 이어는 사회 경험과 경력을 우선시하는 대학 입학은 물론 취직할 때에도 유리하다. 대학 진학이나 취업 시 면접관들이 사회 경험을 전혀 하지 않은 청년들보다 갭 이어를 통해 어려운 삶을 직접 겪어본 청년들에게 더 강한 인상을 받는다고 한다. 그리고 갭 이어를 보낸 젊은이들은 세계 곳곳을 누비며 뜻깊은 경험을 하기 때문에 대학 기간 내내 더 많은 것을 배우려 애쓰고 학업 성적 또한 우수하다는 통계가 있다.

비록 갭 이어가 모든 영국 청소년이 선택할 수 있는 것은 아니지만 이를 통해 진정한 성인으로 발돋움한다는 것은 대부분의 사람이 인정한다. 아래는 영국 유명인사들이 경험한 갭 이어이다.

※ 윌리엄 왕자(Prince William, Duke of Cambridge)

윌리엄 왕자는 갭 이어 동안 여러 가지 경험을 했다. 아프리카 오지 정글 탐험을 시작으로 중앙아메리카 벨리즈에 위치한 영국 군인 캠프에서 군사 훈련을 받았고 잉글랜드 낙농장에서 일하기도 했다. 또한 롤리 인터내셔널(Raleigh International)이라는 국제 자선단체를 통해 남미 칠레에서 10주 동안 아이들에게 영어를 가르치는 프로그램에 참여했는데, 이 프로그램에 참가한 일반인 동료들과 함께 생활하면서 화장실 청소를 포함한 모든 허드렛일을 해서 화제가 되었다.

※ 해리 왕자(Henry Charles Albert David Windsor)

해리 왕자는 이튼 스쿨 졸업 후 호주 농장에서 일하고, 호주에서 개최한 국제 폴로 경기에 영국 유소년 대표팀 주장으로 참가했다. 또한 남아프리카에 위치한 레소토 왕국으로 여행을 떠나 고아원 봉사활동을 하고, 아프리카 에이즈 감염자들의 딜레마를 담은 다큐멘터리 영화 〈잊혀진 왕국

⟨The Forgotten Kingdom⟩⟩을 제작하기도 했다.

※ 케이트 미들턴 왕세손비(Catherine, Duchess of Cambridge)

케이트 미들턴은 이탈리아 피렌체에 있는 영국협회에서 12주간 코스를 받았다. 윌리엄 왕자와 마찬가지로 롤리 인터내셔널 자선단체 봉사 활동을 남미 칠레에서 했다. 해외 봉사 활동을 마치고 귀국한 후에는 영국 남부의 작은 도시 솔렌트에서 본토와 섬을 오가는 선박 승무원으로 인턴 생활을 하기도 했다.

※ 베네딕트 컴버배치(Benedict Cumberbatch)

배우 출신 부모님을 둔 덕에 유복한 어린 시절을 보낸 '셜록 시리즈'의 베네딕트. 영국에서 이튼 스쿨과 함께 최고 명문 사립학교로 꼽히는 해로 스쿨(Harrow School)을 졸업했다. 베네딕트는 해로 스쿨을 졸업하자마자 티베트 수도원에서 승려들과 현지인들에게 무료로 영어를 가르치면서 갭이어를 보냈다.

※ 데이비드 캐머런 총리(David Cameron)

영국 총리 데이비드 캐머런은 명문 사립 이튼 스쿨을 졸업하고 홍콩으로 건너가 현지 선박 회사에서 약 3개월 정도 인턴 생활을 한 후, 좀 더 다양하고 이색적인 경험을 위해 유라시아 횡단 열차를 타고 영국으로 돌아왔다. 귀국 후에는 남부 도시 에섹스에서 하원의원으로 정치를 시작하면서 영국 총리가 되는 발판을 마련했다.

최근에는 미국에서도 갭 이어가 선풍적 인기를 끌고 있다. 오바마 대통령의 딸 말리아가 하버드 입학을 앞두고 갭 이어를 선택했기 때문이다. 이런 열풍이 우리나라에도 불어오길 마음속으로 간절히 기대해본다.

망나니에서 어른이 되어가는 영국의 대학생들
39

한국에서는 매년 봄이 다가올 때 황사만큼이나 반갑지 않은 뉴스가 있다. 바로 신입생 환영식에서 과도한 음주 때문에 사망하는 예비 대학생들의 사고 소식이다. 중고등학교 학창 시절 내내 학업 스트레스를 받다가 이제 막 날개를 펼쳐보려는 순간 변을 당하는 젊은이들이 안타깝기만 하다.

이렇듯 한국에서는 대학생들의 무절제한 음주 문화가 사회 문제로 인식되고 있다. 그렇다면 영국 대학생들의 음주 문화는 어떠할까? 한국 대학생 못지않게 영국 대학생 역시 술을 많이 마셔 영국에서는 학생(Student)이라는 말만 들어도 손사래를 친다. '몹쓸 대학생들(Fucking Students)'이라는 말까지 있을 정도이다.

한국에서는 '학생'이라고 하면 보통 초등학생부터 대학생까지 통틀어 말하지만, 영국에서는 주로 대학생을 일컫는 말이다. 영국인들은 대학생을 경제적으로 궁핍함에도 불구하고 돈이 생기면 시간과 요일에 상관없이 폭음을 하고 친구들끼리 파티를 자주해서 시끄럽다고 생각한다. 게다가 제멋대로 행동하며 잘난 척하는, 한마디로 통제할 수 없는 질풍노도의 시기라고 여긴다.

영국에서는 왜 이렇게 대학생들의 이미지가 부정적인 걸까? 일반적으로 영국 청소년은 대학 입학과 동시에 부모로부터 독립한다. 물론 일부 상류층 청소년은 대학에 입학하기 전 사립 기숙사 학교(Boarding School)에 들어가 부모와 떨어져 지내지만 대부분 청소년이 독립을 하는 시기는 대학 입학 이후이다.

영국에서는 되도록 자기 출신지에서 먼 지역에 있는 대학으로 간다. 부모님과 떨어져 독립적인 삶을 살고 싶어 하기 때문이다. 이때부터 그 누구의 간섭과 통제도 없는 혼자만의 자유를 누리게 된다. 대학생들은 주로 기숙사나 학교 근처에 월세집을 구해서 룸메이트들과 함께 지낸다. 매일 술을 마시고, 파티를 열고, 심하면 약물까지 하는 경우도 있다.

대학생에 대한 이런 부정적인 이미지 때문에 영국인들은 학생 거주 지역에는 집을 구하려고 하지 않는다. 그래서 학생 밀집 지역은 집세가 비교적 저렴하고, 어린 아이가 있는 집안이나 연세 지긋한 노인들은 좀 더 조용한 지역을 선호한다.

말도 많고 탈도 많은 영국 대학생들. 하지만 이들이 한국 대학생과 조금 다른 점이 있다면 대학에 입학하는 순간 정신적 독립을 한다는 점이다. 본인의 행동에 스스로 책임을 지고 모든 것을 혼자서 묵묵하게 해낸다.

한국에서는 등록금을 포함해 용돈까지 부모에게 손을 벌리는 경우가 많다. 심지어 취업할 때까지 부모가 경제적 지원을 해주기도 한다. 하지만 영국에서는 대학 입학과 동시에 대부분 경제적으로 독립한다.

영국 부모들은 자녀가 대학생이 되면 스스로 용돈을 버는 것을 당연하게 생각한다. 가정 형편이 힘들어 경제적으로 도와주지 못한다고 해서 자식에게 미안해하는 경우도 없다. 자녀도 경제적 지원을 끊는다고 해서 부모나 가정 환경을 탓하지 않으며 파트타임 아르바이트를 하면서 학업에 열중한다.

영국에서는 1998년 전까지 대학 역시 무상교육이었다. 하지만 지금은 2010년 이후 대학 등록금이 세 배로 치솟았다. 2015년 4월 기준으로 잉글랜드와 웨일스 평균 대학 등록금은 한해 9000파운드(약 1천 600만 원)에 달한다. 이처럼 높은 등록금 때문에 대부분의 학생은 정부의 학자금 대출을 받아 최고 30년 동안 학비를 갚아나간다.

비싼 등록금 때문에 대학생들의 볼멘소리가 적지 않지만, 이로 인한 또 다른 긍정적인 효과도 나타나고 있다. 영국 전국학생연합의 조사에 따르면, 최근 3년간 대학 주변에서 술 판매량이 떨어진 데 비해 따듯한 음료의 판매는 11퍼센트 증가했다. 등록금이 비싸진 대학에서 놀고 먹기보다는 자신에게 부족한 것을 채우는 시간이 많아졌다는 얘기다. 물론 이는 치열한 취업 경쟁 때문이기도 하다.

대학에 입학하기만 하면 망나니가 되고 마는 영국에도 새로운 변화의 바람이 불고 있는 중이다.

영국은 지금 '아빠 효과'라는 신조어가 유행 중

40

놀이터에서 소리 지르며 즐겁게 뛰어노는 아이들, 마트에서 쇼핑하는 아이들, 펍 하이 체어에 앉아 어린이 메뉴를 먹는 아이들. 그들 옆에는 엄마 아닌 아빠가 있다. 주말에는 그 어디를 가더라도 아빠가 자녀들과 함께 있는 모습을 영국에서는 아주 흔하게 볼 수 있다.

남편은 아빠가 된 이후로 일과 육아를 병행하느라 더 바빠졌다. 평일 저녁 5시쯤 퇴근하면 그의 또 다른 하루가 시작된다. 내가 저녁을 준비하는 사이 연년생 남매와 함께 놀아주고, 밥을 먹이고, 목욕을 시켜주고, 재우기 전 동화책을 읽어준다.

주말에도 남편은 내 충실한 육아 도우미이다. 연년생 아이들을 태운 유모차를 끌고 동네 산책도 하고, 마트에서 장을 보기도 한다. 그 시간 동안 나는 오직 나만을 위한 시간을 보낼 수 있는데, 쇼핑을 하거나 친구를 만나기도 한다. 남편의 도움이 없다면 꿈도 꿀 수 없는 일이다.

임신 기간부터 진통, 출산까지 바로 옆에서 지켜본 영국 남편들은 아내가 여자에서 엄마가 되어가는 과정이 얼마나 힘겨운지를 체감한다. 그래서 힘든 아내를 최대한 배려하며 함께 아이를 키우는 것을 당연하게 생각한다.

영국에서도 양육자는 주로 엄마이다. 맞벌이 부부의 경우에는 출산 후에도 엄마가 파트타임으로 근무하며 육아와 일을 병행하는 것이 일반적이다. 이렇게 평일에 혹사당하는 아내를 위해 주말에는 아빠가 육아에 전적으로 참여한다. 그래서 영국에는 주말에 아빠 혼자 자녀들을 데리고 나오는 모습이 흔하다. 지역마다 '아빠들의 모임', '아빠들의 아침 식사', '좋은 아빠 되기' 같은 이름을 가진 육아 그룹이 많다.

육아 제품 광고를 봐도 아빠 모델이 많다. 특히 아기띠나 유모차 광고는 육아에 적극 참여하는 아빠들 덕분에 엄마에서 아빠로 타깃을 변경하기 시작했다. 이 같은 아빠 육아는 영국 아마존 베스트셀러에서도 쉽게 확인할 수 있다. 육아 관련 서적 1위부터 50위까지 판매 순위를 보면 아빠 육아에 관련된 책이 평균 5권 이상 된다.

영국 아빠들이 이렇게 육아에 적극 참여하기 시작한 건 얼마 되지 않았다. 과거 1980년대 이전만 하더라도 영국 부부들 사이에서 아빠는 돈을 벌어서 가정을 책임지고 엄마는 가사와 육아를 한다는 게 일반적인 생각이었다. 하지만 시대의 변화에 따라 여성의 사회 진출이 활발해지고 맞벌이 부부가 급속도로 많아지자 아빠의 육아 참여도가 높아졌다. 지금은 엄마 대신 아빠가 육아를 전담하는 가정이 있을 정도로 인식이 변화했다.

영국 일간지 〈인디펜던트〉가 만 3~15개월 아기를 가진 1200명의 아빠들을 대상으로 수행한 설문조사에 따르면, 아내가 전적으로 육아를 해야 한다고 생각하는 아빠는 고작 20퍼센트에 불과했다. 자녀와의 친밀도를 높이기 위해서 80퍼센트에 해당하는 아빠가 육아에 참여하길 원하는 것으로 나타났다. 또한 현재 육아 중인 90퍼센트 아빠는 기저귀 갈기나 분유 수유 등을 능숙하게 해내는 것으로 나타났다.

2015년 영국 리서치 기관 케어닷컴에서 현재 육아 중인 젊은 아빠들을 대상으로 실시한 또 다른 흥미로운 설문 조사 결과가 있다. 이 조사에 따르면 현재 육아 중인 영국 아빠들의 60퍼센트는 유년 시절 자신의 아버지보다 더 많은 시간을 육아에 할애하고 있으며, 과거 일에만 몰두하던 아버지들과 달리 본인은 자녀와 함께 많은 시간을 보내려 노력한다고 했다. 참가자 중 30퍼센트는 유년 시절 자신의 아버지가 감정을 전혀 표현하지 않았다고 했고, 15퍼센트는 아버지가 어린 시절 매우 엄격한 사람이었다고 밝혔다.

남편 또한 시아버지와 함께한 추억이 거의 없다고 한다. 시아버지는 사업을 하느라 바빴기 때문에 육아에 참여할 수 없었고, 전업주부인 시어머니가 두 아이를 전적으로 담당했다고 한다. 처음에는 이런 일방적인 육아 환경에서 자란 남편이 아기 아빠 역할을 잘해 낼 수 있을까 걱정했는데, 첫 아이를 낳고 보니 오히려 나보다 더 적극적으로 육아에 참여하는 것이었다. 남편 말로는 어린 시절 아빠와 보낸 추억이 거의 없는 게 아쉬웠다고 한다. 그래서 우리 아이들에게만큼은 추억을 많이 만들어주고 싶어 한다.

영국에서는 '아빠 효과'라는 신조어가 유행 중이다. 옥스퍼드 대학의 연구 결과에 따르면, 아빠가 육아에 적극적인 집안의 자녀일수록 인성, 사회

성, 언어 발달, 성취력이 뛰어나다는 게 밝혀졌다. 결국 '아빠 효과'라는 신조어는 자녀의 교육에 있어서 아빠가 미치는 긍정적 영향력이 매우 크고, 자녀의 미래를 결정지을 수도 있다는 것을 의미한다.

영국 아빠들의 육아 참여도는 상상보다 높다. 정말 감탄이 절로 나올 때가 여러 번 있다. 아내가 밤잠이라도 편안하게 잘 수 있게 젖병을 들고 밤수유를 자청하는 것은 기본이다. 이에 비해 한국 아빠들은 다음 날 출근을 위해 밤잠을 푹 자야 한다며 밤중 수유는 무조건 엄마가 담당해야 한다고 생각한다. 하지만 영국 아빠들의 생각은 다르다. 요컨대 신생아를 좀 더 잘 돌보려면 엄마가 밤에라도 푹 자야 한다고 생각한다.

왜 대부분의 한국 아빠는 집안일을 포함해 육아를 자기 일이라고 생각하지 않는 걸까? 야근이나 회식이 잦아 집에서 보낼 시간이 없는 직장 문화도 큰 영향이 있겠지만, 한국에서는 모성애를 유별나게 강조하고 전통적으로 유교사상이 강해 아들이라면 떠받들어 키우는 양육 방식도 문제가 있는 것 같다.

한국은 자녀의 독립 시기가 늦고 서른이 넘더라도 대부분 결혼할 때까지 부모와 함께 사는 게 일반적이어서 집안일은 물론 식사까지 엄마가 다 해결해준다. 이런 생활에 익숙해서 결혼 후에도 아내한테 엄마의 역할을 기대하는 남편이 많은 듯하다.

친구들이 제일 질색하는 시어머니의 한결같은 질문은 "오늘 애비 아침밥은 차려줬니?"이다. 결혼하고 아이까지 있는, 서른이 훌쩍 넘어 마흔이 가까운 아들의 밥 걱정을 하는 한국의 어머니. 사정이 이렇다 보니 한국의 워킹맘 친구들을 보면 슈퍼우먼이 따로 없다. 다람쥐쳇바퀴 돌 듯 쉴 틈 없는 하루를 보낸다. 직장 다니면서 돈을 벌어야 하고 퇴근 후에는 아이를 돌보며 집안살림도 책임져야 한다. 거기다 남편 뒷바라지까지 하는 걸 보면 정말 대단하게 느껴진다. 언제까지 한국 엄마들에게 '희생'이라는 꼬리표가 붙어 다녀야 하는지 마음이 착잡하기만 하다.

영국 아빠들은
진짜 아들만 좋아할까?
41

월요일에 태어난 아기는 인물이 좋으며,
화요일에 태어난 아기는 축복을 받으며,
수요일에 태어난 아기는 근심이 많으며,
목요일에 태어난 아이는 멀리 떠나야 하며,
금요일에 태어난 아기는 자비롭고 베풀 줄 알며,
토요일에 태어난 아기는 인생을 위해서 열심히 일한다.
그리고 안식일에 태어난 아기는 아름답고, 현명하고, 착하고, 활발하다.

영국에서 내려오는 재미있는 이야기이다.
출산 및 양육 문화가 천지 차이인 한국과 영국. 비슷한 게 있다면 아기가 아들인지 딸인지 궁금해한다는 것이다. 성별을 모른다고 하면 아들을 원하는지, 딸을 원하는지 물어보는 사람이 꽤 많다.

첫아이를 갖고 10주가 조금 넘었을 때였다. 우리 부부 역시 아기의 성별이 궁금했다. 당시 나는 딸을 원했고 남편은 아들을 원했다. 하지만 산부인과에서는 아기가 22주 때 성별을 알려주기 때문에 우리는 애간장을 졸여야만 했다.

시간이 흘러 드디어 22주가 되었다. 우리 부부는 한걸음에 병원으로 달려갔다. 영국에서는 아기의 성별을 출산 때까지 비밀로 지키는 커플도 많다. 그래서 22주가 지나 초음파를 시작할 때 미드와이프가 성별을 알고 싶은지 미리 물어본다. 깜짝 이벤트를 하고 싶은 커플은 카드를 미리 준비해서 미드와이프에게 건네준다. 그러면 미드와이프는 카드에 아기의 성별을 적은 다음 봉투에 넣는다. 나도 미드와이프에게 미리 카드를 건네줬다.

"It's a princess."

카드에 적힌 아기의 성별을 본 나는 한없이 기뻤고, 남편은 섭섭해했다. 남편은 왜 그토록 아들을 원했던 것일까? 남편이 아들을 원한 이유는 자신의 패밀리 네임을 지키고 싶은 이유가 컸다. 남편의 집안은 전통적으로 남자들의 퍼스트 네임과 패밀리 네임이 같기 때문에 아들을 낳아 꼭 그 전통을 계속 유지하고 싶었던 것이다. 남편뿐만 아니라 대부분 영국 남자들이 자신 가문의 패밀리 네임을 지키고 싶어 한다.

하지만 패밀리 네임이 다가 아니다. 영국에서 아빠와 아들 사이에는 뭔가 특별한 것이 있다. 한국 엄마들이 딸이 태어나면 예쁜 옷을 입혀주고 같이 쇼핑하러 가고, 커서는 친구로 지내고 싶어 하듯 영국 남자들은 아들이 태어나면 낚시도 하고, 공원에서 뛰어놀며 축구도 하고, 커서는 함께 집수리도 하고 펍에서 술친구도 하는 등 같은 남자로서 하고 싶은 일이 많다.

예전 한국에는 아들을 선호하는 경향이 많았다. 하지만 요즘은 딸 선호도가 높다. 아빠와 딸의 관계가 새롭게 부각되면서 '딸 바보'라는 신조어가 생겼을 정도다. 특히 요즘 한국에서는 아들을 낳으면 군대도 가야 하고, 집을 사줘야 하는 등 딸에 비해 돈 들어갈 일이 많아 부담스러워한다.

영국에는 '딸 바보'라는 것을 의미하는 영어 단어도 없다. 딸 선호도가 크게 높지도 않다. 딸이 없다고 해서 '안 됐다'는 심심한 위로의 말을 하지도 않는다. 아들과 딸에 대한 선호는 개인의 취향이며 특별하게 딸이 대세, 아들이 대세라는 흐름 자체가 영국에서는 없다. 아무래도 한국은 자녀 중심의 가족 관계인 데 비해 영국은 부부 중심의 가족 관계이기 때문에 자식의 성별에 따라 부부의 행복이 크게 좌우되지 않는 게 제일 큰 이유인 것 같다.

어릴 적부터 아빠에게 레이디 퍼스트를 배우는 아이들

42

보통 하루 한 번씩은 아이들과 산책을 나간다.

주로 집 근처 공원이나 길가를 천천히 돌아다닌다. 내가 사는 동네는 국립공원 근처라 숲이 많다. 그래서 신선한 공기를 실컷 마시며 산책을 즐길 수 있다.

유모차를 끌고 이곳저곳 다니다 보면 이래저래 여러 사람을 만난다. 이른 아침 시간에는 강아지 산책을 시키는 주민이나 조깅을 즐기는 어르신들을 만나고, 초등학교 하교 때와 맞물리는 오후 시간대에는 아이들과 자주 만난다.

초등학생들을 볼 때마다 어린 시절 학교 다닐 때가 떠올라 기분 좋은 추억에 잠기기도 한다. 더욱 기분 좋은 것은 대부분의 어린이들이 내가 유모차를 끌고 가고 있으면 길을 비켜주거나 지나갈 수 있도록 기다리는 등 친절을 베푼다는 것이다.

한 번은 유모차가 인도 턱에 걸려 혼자서 끙끙대고 있었다. 그때 건너편에서 길을 걷던 꼬마 여자아이가 가던 길을 멈추고 도로를 건너 성큼성큼 나에게 다가왔다. 그러고는 미소를 짓고 "Can I help you?"라고 미소를 지으며 도움을 준 적도 있다.

아기 엄마들을 위한 친절 릴레이는 초등학교 아이들뿐만 아니라 유치원 꼬마들에게까지 이어진다.

비가 많이 오는 날, 딸아이를 안고 수영장 안에 들어가려 할 때였다. 문을 열지 못해 끙끙거리고 있는데 다섯 살쯤 되어 보이는 남자아이가 웃으며 문을 열어주었다. 그 꼬마가 기특해서 "Thank you"라고 했더니 "You're welcome"이라고 말하면서 미소를 생긋 지었다. 귀엽기도 하고 고맙기도 하면서 순간 가슴이 뭉클했다.

영국 아이들은 왜 계속 나에게 감동을 주고, 도움을 주는 걸까? 예의 바르고 매너 좋은, 무언가 특별한 DNA라도 타고난 것일까? 도대체 이 아이들은 어디에서 이런 매너를 배운 것일까? 나는 늘 이 점이 궁금했다.

딸아이와 함께 놀이터에 갔을 때였다. 딸아이는 그네를 타고 싶어 했지만 이미 다른 남자아이가 차지하고 있었다. 딸아이가 아쉬워하자 어디에선가 나타난 아이 아빠가 말했다.

"자, 이제 그만. 넌 이미 그네를 많이 탔어? 맞지? 이제 저 귀여운 꼬마 숙녀한테 양보할 차례야. 불만 없지? 정 타고 싶으면 저 꼬마 숙녀가 탄 다음에 또 타도록 하자. 레이디 퍼스트!"

그러자 아이는 군말 없이 그네를 딸아이에게 양보했다.

그러고 보니 딸아이를 데리고 다닐 때마다 많이 듣는 말 가운데 하나가 바로 '레이디 퍼스트'였다. 영국에서 '레이디 퍼스트'는 아들을 둔 아빠가 제일 먼저 가르치는 말이기도 하다. 이 말을 듣고 자란 아이들은 언제 어디서나 여자들에게 먼저 양보하는 습관을 몸에 익힌다. 영국을 괜히 '신사의 나라'라고 부르는 게 아니다. 이런 매너 교육과 가르침이 영국의 오늘을 만든 것이다.

영국의 독서 교육은 아빠의 베드타임 스토리에서 시작된다

43

몇 년 전쯤 맨체스터에서 셰필드로 급하게 이사를 오느라 미처 지낼 집을 못 구해 시부모 댁에서 몇 달간 신세를 진 적이 있다. 아무리 가족이라고 하지만 사생활을 중시하는 영국인이다 보니 최대한 시부모의 생활 리듬이 깨지지 않도록 조심스럽게 생활해야 했다. 시부모는 아침 식사를 보통 8시 넘어서 했기 때문에 우리 부부는 주로 7~8시까지 주방을 사용해야 했다.

우리 부부가 아침 식사를 마칠 때쯤이면 시아버지가 아침 산책을 마치고 집으로 돌아왔다. 아침 산책을 다녀온 시아버지 손에는 항상 신문이 들려 있었다. 시아버지의 아침 산책 코스는 다름이 아니라 동네 슈퍼였다. 그곳에서 꼭 신문을 사 오는 것이다. 배달을 시켜도 되지만 운동 삼아서 꼭 신문을 직접 사 온다.

시부모님은 아침 식사를 하면서 신문을 읽는다. 아침에 일어나면 텔레비전부터 켜는 게 일상인 나와 달리 종이 신문을 읽으면서 아침 식사를 하는 모습이 처음에는 조금 낯설게 느껴졌다. 시아버지는 환갑이 넘었지만 인터넷과 아이패드 사용을 자유자재로 할 만큼 신세대 취향이다. 그런 분이 뉴스는 TV나 인터넷이 아닌 종이 신문만을 고집했다.

사실 아날로그적인 종이 신문 사랑은 시아버지뿐만 아니라 모든 영국인의 공통점이다.

아침에 일어나 TV나 스마트폰이 아닌 종이 신문을 읽는 것으로 영국인의 하루는 시작된다. 영국에는 대형 마트나 작은 편의점에도 신문 매대가 꼭 있다. 한국에서는 찾아보기 힘들지만 길거리에서 소리를 외치면서 신문을 파는 사람도 영국 거리에서는 흔하게 볼 수 있다. 영국은 1인당 신문 발행 부수가 세계에서 제일 많다. 가장 유명한 신문으로는 〈가디언〉, 〈데일리 텔레그래프〉, 〈타임즈〉 등이 있다.

잡지는 더욱 다양하다. 정치, 연예, 패션, 스포츠 잡지는 기본이고 요리, 꽃꽂이, DIY 같은 취미 생활을 다루는 잡지, 애완동물과 승마 잡지까지 한 분야에 몇 가지 종류를 다양하게 발행한다. 이렇게 신문이나 잡지를 즐겨 보기에 종이에 인쇄된 글을 읽는 것에 자연스럽게 익숙해진다.

대형 마트를 가면 아이들이 신문 잡지 매대에 쪼그려 앉아 열심히 읽고 있는 모습을 쉽게 볼 수 있다. 아이들이 주로 읽는 건 장난감, 인형, 학용품 등이 부록으로 나오는 어린이 전용 잡지이다. 이 밖에도 〈페퍼피그〉, 〈토마스와 친구들〉 같은 애니메이션이션 잡지뿐만 아니라, 씨비비즈 프로그램 잡지, 축구 잡지, 과학 잡지 등 그 종류가 매우 다양하다.

70퍼센트에 달하는 영국 부모가 12세 미만의 자녀에게 어린이 전용 잡지를 구독하게 한다. 알록달록한 그림과 스티커 놀이, 색칠 공부뿐만 아니라 오리고 붙이는 공작 놀이들이 포함되어 있는 어린이 잡지는 책을 읽기 싫어하는 아이들에게 흥미를 유발한다. 또한 크로스 워드 같은 단어 퍼즐과 퀴즈도 있어 아이들의 단어 공부에 유익하다.

부모가 신문이나 잡지 읽는 것을 보면서 자라난 영국 아이들에게 책을 읽으라는 잔소리는 할 필요가 없다. 독서 교육의 중요성을 강조할 필요도 없다. 아이들은 가정뿐만 아니라 사회 곳곳에서 읽기 문화와 독서 환경에 자연스럽게 노출되기 때문이다.

독서 교육과 관련해 영국 부모들이 가장 중요하게 여기는 것이 있다. 바로 베드타임 스토리(Bedtime Stories)이다. 말 그대로 자녀가 잠들기 전 침대에서 20분 정도 동화책을 읽어주는 것이다. 이 베드타임 스토리의 백미는 엄마가 아닌 아빠가 읽어준다는 것이다.

미국 하버드 대학에서는 몇 년 전 아빠가 책을 읽어주면 아이들의 언어 발달이나 창의력 향상에 큰 도움을 준다는 연구 결과를 발표했다. 엄마가 책을 읽어줄 때는 주인공의 감정에 치중해 설명하는 반면, 아빠는 동화 속 이야기에서 아이들이 이해할 수 있는 좀 더 적절한 상황을 대입해서 읽어주기 때문이다.

"Oh look, a ladder."

예를 들어, 위의 문장을 읽으면서 아빠는 아이에게 이런 말을 건넨다.

"저 사다리 좀 봐. 아빠 트럭 안에 있던 사다리 기억하니?"

이러한 책 읽기 방식은 아이들의 뇌를 자극해 인지력 향상에 효과적이다. 또한 아빠는 엄마에 비해 내용이나 단어를 조금씩 바꿔가며 재미있게

웃기고 과장해서 읽어주는 경향이 있기 때문에 책 읽기가 따분한 게 아니라 즐거운 시간이라는 것을 아이들에게 가르쳐 줄 수 있다.

우리 집만 하더라도 첫아이 로즈의 책 읽기는 항상 남편의 몫이다. 로즈를 목욕시키고 침실로 데려가 재우기 전 10분 정도 대화를 하고, 나머지 10분 정도는 베드타임 스토리를 한다. 확실히 엄마가 읽어줄 때보다 아빠가 읽어줄 때 아이의 반응이 좋다. 뭐가 그리 재밌는지 깔깔깔 웃음소리가 멈추지 않는다.

아빠가 책을 많이 읽어주는 가정일수록 아이들이 읽기, 쓰기 같은 학업 성적에서 더 좋은 결과를 얻을 뿐만 아니라, 유치원에서 예의도 바르고 좀 더 높은 집중력을 보인다고 한다.

아울러 아빠가 아들에게 책을 읽어줄 경우 그 효과가 더 극대화된다는 연구 결과도 있다. 특히 부자 사이의 유대감 형성에 큰 도움을 주고 학업 성적도 좋다. 그뿐만 아니라 한 부모 자녀일 경우 자신감을 갖는 데도 도움이 된다고 한다.

최근 더 흥미로운 연구 결과가 나왔는데, 책 읽어주는 아빠는 자녀에게 긍정적인 효과는 물론 아빠의 스트레스 해소에도 도움이 된다는 것이다. 영국 에섹스 대학에서 아빠가 책을 읽어줄 때 신체 변화를 조사한 결과 근육 긴장이 편안해지고 심박수가 줄어들면서 스트레스 완화에 도움이 된다는 것을 밝혀냈다.

<u>아이들은 부모의 거울이다. 아침에 일어나 스마트폰을 보는 게 아니라 신문이나 잡지 읽는 모습을 보여주는 것만으로도 교육적인 효과가 있다.</u> 영국 엄마는 우리 아이가 책을 읽지 않으면 어떡하나 조바심을 내지 않고,

독서 교육을 위해 여러 권의 책으로 구성된 전집을 구입하지도 않는다. 영국의 독서 교육은 아이 스스로의 선택으로 시작하며, 아빠의 하루 10분 책 읽어주기로 충분하기 때문이다.

동화 속 주인공들과 함께 크는 영국 아이
44

세계적으로 유명한 동화 작가 중에는 영국 출신이 많다.

《찰리와 초콜릿 공장》의 로알드 달, 《황금나침반》의 필립 풀먼, 《나니아 연대기》의 C. S. 루이스, 《위니 더 푸》의 A. A. 밀른, 《피터팬》의 J. M. 배리, 《이상한 나라의 앨리스》의 루이스 캐럴, 《피터 래빗》의 비아트릭스 포터, 《해리 포터와 마법사의 돌》의 J. K. 롤링 등이 모두 영국 출신이다.

내가 살고 있는 셰필드에서 고속도로로 30분만 달리면 노팅엄 성과 셔우드 숲이 나온다. 1067년에 건축된 노팅엄 성은 현재 박물관과 로빈 후드 전시관으로 이용하고 있으며, 셔우드 숲은 산책 코스와 아이들의 캠프 장소로 이용하기도 한다. 이곳에서 아이들은 소설 속 로빈 후드를 실제로 느껴볼 수 있다.

그리고 40분 거리에는 하워스(Haworth)가 있다. 《폭풍의 언덕》, 《제인 에어》를 집필한 브론테 자매가 살았던 곳이다. 《폭풍의 언덕》의 배경인 드넓은 대지와 브론테 자매가 생전에 살았던, 1779년에 지은 생가를 당시 그대로 보존해 현재는 브론테박물관으로 이용하고 있다.

남쪽으로 내려가면 푸 컨트리(Pooh Country)라고 부르는 작은 마을이 있다. A. A. 밀른이 1920년 《곰돌이 푸》 동화 속 모습을 그대로 옮겨놓은 곳이다. 또한 루이스 캐럴의 초기작 《거울 나라의 앨리스》의 배경인 옥스퍼드에 동화 속에서 앨리스와 기분 나쁜 양이 만나는 상점 '앨리스 숍'이 그대로 있다. 앨리스와 관련한 상품도 판매한다.

이렇듯 영국에는 동화 작가, 소설가들이 살았던 동네를 비롯해 이야기의 배경이 된 도시나 마을이 곳곳에 있다. 동화 속 이야기들은 책 속에만 존재하는 것이 아니라, 아이들이 실제로 방문해서 경험할 수 있는 곳이다. 그래서 영국 아이들은 동화와 소설 속 주인공들과 함께 생활하고 있다는 느낌이 들기도 한다.

작가가 살았던 시대나 동화 속 이야기에 나오는 모습 그대로를 보존하고 재현하기 때문에 아이들에게 생생한 현장을 보여줄 수 있다. 가령 윌리엄 셰익스피어가 태어난 동네 스트래트포드 어폰 에이번(Stratford-upon-Avon)이 대표적이다.

이 작은 마을은 셰익스피어가 살았던 400년 전 그 모습을 그대로 유지하고 있다. 1564년 그가 태어난 생가와 당시 생활 환경을 인형과 모형을 통해 재현하고 있으며, 셰익스피어가 손녀딸 부부와 노후에 살았던 집은 물론 아내 앤 해서웨이(Ann Hathaway)의 친정, 딸이 결혼해서 사위와 함께 살았던 집까지 그 당시 모습을 그대로 유지하고 있다.

세계적으로 유명한 동화 《피터 래빗》의 작가 아트릭스 포터. 영국 북부

레이크 디스트릭트 출신이다. 이곳은 해발 1000미터에 달하는 산악 지대로 호수가 많고 아름다운 자연 경관으로 유명하다. 이 아름다운 대자연은 그녀가 《피터 래빗》을 집필하는 데 영감을 주었고, 이 작품으로 성공한 그녀는 레이크 디스트릭트의 토지를 매입했다.

아트릭스 포터가 매입한 17평방킬로미터의 토지에는 15개의 농장과 아주 오래된 별장 등이 있다. 전 세계에서 이곳을 찾아오는 아이들의 동심을 위해 《피터 래빗》 동화 속 모습 그대로 유지하고 토지 안의 모든 것을 개발하지 않는다는 조건으로 내셔널 트러스트(National Trust)에 무료 위탁을 해 놓았다.

내셔널 트러스트는 1895년에 창설한 문화 보호 협회이다. 18세기 산업혁명 이후 급속하게 이뤄진 개발로 인해 역사 장소는 물론 자연국립공원 등이 훼손될 것을 우려한 런던 시민들이 만든 것이다. 비영리 민간단체 내셔널 트러스트는 국민들의 기금으로 운영하고 있으며, 그 기금으로 역사적 장소나 재개발 위험에 놓인 명소를 매입해 보호하는 것이 주된 사업이다. 내셔널 트러스트의 회원은 1인당 63파운드를 연회비로 지불하고 이 단체가 지정한 500여 곳에 달하는 명소에 무료로 입장할 수 있다. 현재 내셔널 트러스트는 영국 전 국토의 1퍼센트를 소유하고 있으며 450만 명의 회원이 활동 중이다.

앞에서 언급했듯 내셔널 트러스트의 목적은 재개발에 의해 명소가 파괴되는 것을 방지하는 것이다. 여기에 더해 역사적 장소를 있는 모습 그대로 유지하면서 호텔 혹은 펍, 카페로 활용하며 일반인이 직접 체험할 수 있게끔 하는 사업도 병행한다.

영국 아이들이 동화 속 주인공과 함께 교감하면서 성장할 수 있는 것은 이런 단체들의 노력 때문이다. 또한 영국 출신 유명한 소설가나 동화 작가가 많기 때문이라기보다 동화 속 모습 그대로를 아이들에게 보여주고 옛 것을 지키고자 하는 영국 정부의 노력 때문이 아닐까 싶다.

품격과 전통을 중시하는
영국의 사립학교와 공립학교
45

첫아이를 낳고 출산우울증으로 한동안 힘들었다. 내가 왜 아이를 낳고 이 고생을 해야 하는지, 아이가 없던 그 전의 자유로운 생활로 돌아가고 싶었다. 그리고 시간이 흘러 연년생을 둔 지금 제일 부러운 건 학부모가 된 엄마들이다. 아이들을 학교에 보내고 나면 지금보다 자유 시간을 많이 가질 수 있지 않을까 하는 희망 때문이다.

두 아이를 빨리 학교에 입학시키고 자유를 누릴 상상을 하던 차에 학부모가 된 친한 언니와 통화하게 되었다.

"그건 너의 상상이고 착각이야. 육아의 진짜 시작은 초등학교부터야."

이 말을 듣고 어안이 벙벙했다.

"영국은 어떨지 모르겠지만, 한국은 초등학교 학부형이 되는 순간부터 전쟁이야. 어린이집이나 유치원을 보낼 때가 좋았다고. 시간도 여유롭고 스트레스도 적고. 초등학교는 신경 쓸 게 너무 많아. 제일 먼저 사교육에 신경 써야 해. 어떤 집은 벌써부터 4~5군데 학원에 아이를 보낸대. 다른 엄마들과의 관계는 물론이고 담임 선생님도 신경을 써야 해. 평온한 것처럼 보이지만 속을 들쳐보면 하루하루가 치열한 전쟁터라고."

특히 초등학교 1학년을 둔 워킹맘이라면 1시에 수업을 마치는 까닭에 아이를 맡겨야 할 곳부터 학원까지 큰 걱정이라고 했다. 아울러 본격적으로 돈이 들어가는 시기라는 말도 했다.

다행히 영국은 한국과 달리 아이가 학교에 입학하면 그나마 부모가 한숨을 돌릴 수 있다. 영국은 만 4세가 되는 9월에 입학을 한다. 한국에서는 만 7세인 것과 달리 영국은 학교 입학이 빠른 편이다. 보통 등교 시간은 오전 8시 30분이며, 하교 시간은 3시 30분이다.

영국 교육은 크게 공립과 사립으로 나뉜다. 스테이트 스쿨(State School)이라 부르는 공립학교는 프라이머 스쿨(Primary School)과 중고등학교에 해당하는 세컨더리 스쿨(Secondary School)로 나뉜다. 이에 비해 퍼블릭 스쿨(Public School)이라 부르는 사립학교는 유치원 과정과 초등학교 과정, 고등 과정으로 나뉜다.

공립학교에 입학하면 세컨더리 스쿨까지 전면 무상이다. 그에 비해 사립학교는 학년이나 지역마다 조금씩 다르지만 1학기 평균 학비가 5000파운드(900만 원)에 달한다. 한 학년 3학기 체제인 점을 감안하면 1년에 약 3000만 원에 가까운 천문학적인 금액을 교육비로 지출하는 셈이다. 이런 어마어마한 비용 때문에 사립학교는 주로 부유한 상류층 부모가 선호한다. 영국인 중 사립학교에 가는 비율은 약 6퍼센트 정도밖에 되지 않는다.

세계적으로 유명한 명문 사립학교 이튼 스쿨은 입학 과정 자체가 매우 까다롭다. 그럼에도 불구하고 윌리엄 왕자와 해리 왕자가 다녔던 1990년대 중반 무렵에는 이튼 열풍이 대단해서 입학 신청에도 대기 리스트가 있을 정도였다.

1440년 헨리 6세가 설립해 600년 가까운 역사를 자랑하는 이튼 칼리지는 두 왕자 같은 로열 패밀리뿐만 아니라 영국 총리 데이비드 캐머런을 비롯해 20명의 영국 총리를 배출하기도 했다. 만 13~18세 남자들이 다니는 이 학교는 만 10세부터 입학 신청을 할 수 있다. 공식적으로는 인터뷰와 시험, 추천서를 모두 만족시켜야 합격이 가능하다고 하지만, 인터뷰와 시험을 잘 보더라도 어느 정도 인맥이 있어야 하기 때문에 학생들은 대부분 출신 배경이 좋은 영국 귀족이나 상류층이다.

일반 사립학교의 경우 정원이 70~80명인 데 비해 이튼 스쿨은 약 50여 명이 정원이라고 한다. 신청자 8명 중 1명 정도가 입학한다고 하니 합격률이 높은 편은 아니다. 처음 고배를 마시면 자리가 날 때까지 대기 리스트에 이름을 올릴 수 있다.

이런 까닭에 대부분의 영국인은 공립학교 출신이고 자녀를 공립학교에 보내는 게 일반적이다. 어느 정도 교육에 관심 있는 중산층 부모라면 자녀를 위해 좋은 공립학교가 몰려 있는, 일명 학군이 좋은 비싼 동네로 이사 한다. 이 때문에 영국에서는 2007년부터 근거리 배정에서 추첨제로 공립학교 입학 제도가 바뀌고 있다. 중산층 부모가 학군 좋은 지역으로 몰려 집값이 올라가자 돈 없는 서민 가정 자녀라도 좋은 교육을 받을 수 있도록 하겠다는 취지이다.

공립학교 추첨제는 학생들이 원하는 학교를 1차부터 4차까지 적어 내는

데, 사실 1차로 적는 학교에 갈 확률이 크게 높지는 않다. 영국 대부분 지역에서 1차 지망에 학교에 갈 확률은 평균 45퍼센트 정도이며, 런던은 33퍼센트 정도라고 한다. 이 공립학교 추첨제 때문에 영국 부모들의 볼멘소리도 적지 않다.

앨런 존슨 교육부장관은 서민 자녀들에게도 평등한 교육 기회를 주겠다고 하지만 사실상 서민, 워킹클래스 부모는 자녀가 좋은 공립학교에 가는 것 자체에 대해 관심이 없기 때문에 오히려 교육에 관심 있는 중산층에 대한 역차별이라는 항의의 목소리가 높다. 특히 근거리 배정에서 추첨제로 바뀌면서 학생들 역시 불편을 겪고 있다. 집에서 도보로 5분 거리에 있는 학교를 두고 자동차로 30분 거리에 있는 학교로 등하교하면서 매일 교통지옥을 경험하는 학생이 꽤 있다.

이런 제도에 불만이 있고 어떻게 해서라도 자기 자식을 좋은 공립학교에 보내고 싶은 몇몇 부모는 추첨제의 빈틈을 노려 위장 전입을 하기도 한다. 친인척이 거주하는 집 주소를 본인의 거주지인 양 지원서에 적어 신청하거나, 원하는 학교 주변 집을 렌트해 거주지를 속이기도 한다.

위장 전입 다음으로 많은 부정 행위는 교회 재단의 부설 학교에 자녀를 입학시키는 것이다. 역사적으로 오래되고 이름이 알려진 교회 재단 부설 학교에 자녀를 입학시키기 위해 입학 신청을 하기 전 적절한 시기에 교회를 다니면서 얼굴을 알린다고 한다.

2016년 3월, 재무부장관 조지 오스본은 영국 공교육의 수준을 높이기 위해 2022년까지 공립학교를 아카데미로 전환하고, 빅토리아 시대(빅토리아 여왕 통치기, 1837~1901년)부터 지켜온 오후 3시 30분 하교 시간 연장을 계획 중이라고 밝혔다. 이렇게 하면 일주일에 적어도 5시간 넘게 공부하는 시간이 늘어날 뿐만 아니라 예술, 스포츠 같은 방과 후 활동도 할 수 있어 공립학교 학생들의 수준을 향상시킬 수 있다는 것이다.

조지 오스본과 영국교육청(OFSTED)의 최대 목표는 영국에 있는 모든 공립학교의 수준을 끌어올려서 상류층 부모들 역시 공교육을 믿고 자녀들을 보낼 수 있도록 유도하는 것이다.

부부 중심의 삶으로
행복을 지향하는 영국 부모

46

 엄마가 된다는 건 정말 놀라운 일이다. 지금까지 살아온 삶이 바뀌고 사고방식까지도 변화한다. 출산과 육아를 경험하기 전에는 나를 중심으로 모든 생활이 이루어지다 내가 아닌 아이 중심으로 삶이 돌아가는 것이다.

 영국이라는 타지에서 출산을 하고, 육아를 시작한 나는 초반에 많은 스트레스를 받았다. 남편의 3주간 육아 휴직이 끝나갈 때쯤, 남편은 작은방으로 침실을 옮겼다. 육아를 시작하는 부부 사이에서 통과의례처럼 행해지는 각방 사용을 시작한 것이다. 신생아를 돌보면서 한밤중에도 2~3시간마다 일어나 모유 수유를 하고 기저귀를 갈아야 하는 상황이라 출근하는 남편을 위해 밤잠이라도 푹 잘 수 있도록 한 내 나름대로의 배려였다. 그런데 막상 각방 사용을 시작하자 미묘한 감정들이 생기면서 우울해지기까지 했다.

 '이제는 부부가 아니라 아이만 보고 살아야 하나?'

이런 생각도 들었다.

그렇게 한 달쯤 지났을까. 로즈가 5시간 넘게 통잠을 자기 시작하면서 우리 부부는 로즈를 따로 재우고 다시 침실을 사용하기 시작했다. 그 전에는 로즈를 재우고 나면 피곤하기도 하고 옆에 말할 사람도 없어 그냥 잠에 골아떨어지기 일쑤였다. 하지만 로즈를 따로 재우기 시작한 다음부터는 출산 전과 마찬가지로 남편과 안방 침실에 누워 이런저런 이야기를 하며 하루를 마감할 수 있었다. 특히 육아우울증이 심했던 나에게 남편의 위로는 큰 힘이 되었다. 남편이 아니었으면 그런 상황을 어떻게 견뎠을지, 지금까지도 한없이 고마운 마음이 든다.

영국에서 육아의 기본 철칙 중 하나는 자녀를 일찍, 각방에서 재우는 것이다. 토끼잠을 자는 신생아 시절을 벗어나 통잠을 자기 시작하면 아이를 재운 후 부부끼리 저녁 시간을 온전하게 보낼 수 있다. 부부만의 저녁 식사를 하고, 나란히 앉아 텔레비전을 보기도 하고, 취미 활동도 할 수 있다.

처음 1년 동안은 영국 부모들도 극심한 페런트후드(Parenthood, 부모가 되는 성장 과정)를 겪는다. 신생아를 돌보며 잠을 설치기도 하고, 초보 엄마 아빠로서 여러 가지 시행착오를 겪으면서 진정한 부모가 되는 성장통의 시간을 보낸다. 그래서인지 영국 육아 관련 웹사이트나 뉴스를 보면 '부모가 된 첫해에 살아남는 법'이라는 제목으로 재미있는 농담이나 카툰이 많다.

이렇게 차츰 육아에 적응하면서 다시 부부 중심의 삶으로 돌아오면 또 다른 기쁨이 기다린다. 부부끼리 자기 전 대화를 나누거나 손을 잡고 동네 산책을 하기도 한다. 호사스럽지는 않지만 소소하게라도 부부 단둘의 시간만을 즐길 수 있다.

이에 비해 한국에서는 아이가 태어나자마자 엄마의 생활이 완전히 바뀐다. 특히 바쁜 아빠를 대신해 육아를 전적으로 담당하는 엄마는 자녀에게 모든 에너지를 쏟는다. 잠도 아이와 함께 자고, 외출도 항상 아이와 함께한다. 이런 과정이 반복되다보면 어느 순간 아이가 가정의 중심이 되어버린다. 내 삶도 없고, 부부의 삶도 없는 오직 아이만이 존재하는 삶으로 바뀐다. 그래서 한국에서는 육아라고 하면 '엄마의 희생'이라는 말이 따라다닌다. 반면 영국에서는 '엄마의 희생'이 아니라 부부가 함께해야 하는 공동 책임이라고 생각한다.

영국인이 육아를 하면서 부부 중심의 삶을 건강하게 유지할 수 있는 것은 부부간의 시간도 중요하게 생각하지만 아내와 남편이 서로 존경하는 마음으로 상대방을 배려하는 부분 역시 크다. 공식적인 자리에서는 감정 표현을 절제하는 영국인이지만 부부끼리는 살가운 표현을 많이 한다. 손을 꼬옥 잡고 돌아다니고, 자주 안아준다. 가볍게 뽀뽀도 많이 한다. 그리고 이런 애정 표현뿐 아니라 서로에게 감사하다는 표현도 절대 아끼지 않는다.

결혼 이후 평일이나 주말에 상관없이 아침 식사는 남편이 스스로 해결해서 평일 저녁만큼은 꼭 내가 준비하려고 애쓴다. 매일 반복되는 일상이지만 저녁 식사를 만들어주는 나에게 남편이 꼭 하는 말이 있다.

"고마워."

이건 저녁 식사뿐 아니라 물을 한 잔 갖다 주는 정말 작은 일에도 잊지 않고 하는 말이다. 과연 한국에서 육아를 하며 부부끼리 사랑스럽게 손을 잡거나 고맙다는 표현을 몇 번이나 할까? 문득 궁금해진다.

영국 서섹스 대학의 연구 결과에 따르면, 부부싸움이 잦고 가정 불화가 많은 가정일수록 자녀들의 삶의 질이 낮고 자살 위험도가 높은 것으로 나타났다. 가족의 중심인 부부가 행복하지 못하니 결국 자녀들에게 분풀이 하듯 화를 내거나 육아를 제대로 하지 못하는 경우가 많다는 것이다. 이 같은 환경은 결국 자녀들의 정신건강에 부정적 영향을 끼친다. 이를테면 공격적인 성격이 되거나 우울증, 근심 많은 아이로 성장할 확률이 높다는 것이다.

영국인이 가장 중요하게 생각하는 자녀교육은 바로 엄마 아빠가 서로 사랑하고 아끼는 모습을 보여주는 것이다. 이런 모습을 보고 자라는 자녀는 누가 알려주지 않아도 자연스럽게 가정의 행복이 무엇인지 몸으로 체득한다.

신이 모든 곳에 있을 수 없어 엄마를 만들었다고 한다.
엄마의 나이가 되어서도, 여전히 엄마는 나의 수호신이며,
여전히 엄마는 부르는 것만으로도 가슴 에이는 이름이다.
엄마는 … 여전히 힘이 세다.

-〈응답하라 1988〉중에서

원칙을 지키고 배려를 가르치는
영국 엄마의 힘

1판 1쇄 발행 2016년 10월 17일
1판 4쇄 발행 2016년 10월 31일

지은이	최향기
발행인	허윤형
펴낸곳	황소북스
주소	서울 마포구 동교동 159-6번지 파라다이스텔 506호
전화	02 334 0173 **팩스** 02 334 0174
홈페이지	www.hwangsobooks.co.kr
블로그	http://blog.naver.com/hwangsobooks
포스트	http://post.naver.com/hwangsobooks
커뮤니티	http://cafe.naver.com/hwangsobooks
트위터	@hwangsobooks
등록	2009년 3월 20일 (신고번호 제 313-2009-54호)

ISBN 978-89-97092-62-8(13590)

© 2016 최향기

* 이 책은 황소북스가 저작권자와의 계약에 따라 발행한 것이므로
  본사의 서면 허락 없이는 어떠한 형태나 수단으로도 이 책의 내용을 이용하지 못합니다.
* 잘못된 책은 구입하신 서점에서 바꾸어 드립니다.
* 책값은 뒤표지에 있습니다.